本书为湖北省社科基金一般项目(后期资助项目)(项目号:2021261)成果

基于历史英汉词典的晚清英源音译外来词汇研究

陈 晨 著

华中师范大学出版社

新出图证(鄂)字 10 号

图书在版编目(CIP)数据

基于历史英汉词典的晚清英源音译外来词汇研究/陈晨著. —武汉：华中师范大学出版社，2023.4

ISBN 978-7-5769-0058-3

Ⅰ.①基…　Ⅱ.①陈…　Ⅲ.①汉语-外来语-研究-中国-清后期 ②英语-音译-研究　Ⅳ.①H136.5　②H315.9

中国国家版本馆 CIP 数据核字(2023)第 016813 号

JIYU LISHI YINGHAN CIDIAN DE WANQING YINGYUAN YINYI WAILAI CIHUI YANJIU

基于历史英汉词典的晚清英源音译外来词汇研究

©陈　晨　著

责任编辑：刘满元　　**责任校对**：王　胜　　**封面设计**：胡　灿

编辑室：高等教育分社　　**电话**：027－67867364

出版发行：华中师范大学出版社

社址：湖北省武汉市洪山区珞喻路 152 号　　**邮编**：430079

电话：027－67863426/1549(发行部)

网址：http://press.ccnu.edu.cn　　**电子信箱**：press@mail.ccnu.edu.cn

印刷：武汉市籍缘印刷厂　　**督印**：刘　敏

字数：195 千字

开本：710 mm×1000 mm　1/16　　**印张**：12.25

版次：2023 年 4 月第 1 版　　**印次**：2023 年 4 月第 1 次印刷

定价：59.00

前　言

外来词是汉语词汇发展过程中的重要组成部分，词汇的借用是语言接触和文化交流的结果。汉语吸收外来词的历史由来已久。两汉时期，随着与西域交流日益频繁，汉语从西域民族语言中吸收了“箜篌”“骆驼”“葡萄”等音译词。魏晋、隋唐时期佛教文化的发展，带来了“菩萨”“罗汉”“涅盘”等从梵语音译而来的外来词。宋元时期，汉语又从蒙古语、契丹语、马来语、爪哇语等语言中吸收了不少词汇。明朝时期，中国的对外交往日益频繁。在郑和下西洋和外国传教士来华两股力量的推动下，外来词的数量也日益增多。

晚清是中外交流史上非常重要的阶段，也是汉语外来词发展的一个小高潮。1805年以后，随着“百年禁教”的结束，中西方的交流开始恢复。传教士纷纷来到中国，在传播福音之外，也通过译书出版的方式把近代发明发现以及西方的各类知识传播给了中国。鸦片战争后，洋务派官员本着“中学为体，西学为用”的观点，开始引进西方的科学技术。京师同文馆和江南制造局翻译馆翻译出版了大量西书。戊戌变法之后，人们将目光转向明治维新成功后的日本，大量日译西书传入中国。在这些因素的共同作用之下，中国迎来了外来词发展的高潮。

目前国内学术界不乏对明清时期外来词的研究，但仍然存在一些问题：第一，音译词研究关注度不够，数据科学性不足。目前关于音译词的论文远少于意译词的论文，以音译词为关键词的专著更是凤毛麟角。大部分对于音译词的讨论仍然归于“外来词”讨论的大语境之下，音译词尚未被当成独立的研究领域。同时，缺乏系统性统计，研究数据缺乏科学性。第二，音译词研究系统性不强，各方面不平衡。音译词的研究较为零散，有关语音的讨论较多，但对于语法、文字、词形的讨论较少。第三，音译词的历史研究不足，分期研究欠缺。在为数不多的音译词研究中，绝大部分针对的是新时期兴起的音译词，对于历史上出现的音译词的研究较少，没有从词汇史的角度对其进行分期的观察和描写，也鲜有利用具有权威性和示范效应的双语词典文本。基于以上现实，笔者在前人研究的基础之上，结合民国前规模最大、最全面的一部英汉词典即1908年颜惠庆《英华大辞典》，以其中英源音译外来词为观察对象，就晚清的英源音译外来词问题进行全面深入的描写，总结特征与规律，并比对现代汉语中相关词汇的演变情况进行历时考察。全书分为七个章节：

第一章简要陈述了研究背景、研究对象与语料选择依据。通过对晚清外来词相关研究文献的梳理，确定研究的重点和研究方法。

第二章从历史的角度回顾了民国以前音译思想的传播以及音译外来词的发展状况。

第三章从语音学的角度对《英华大辞典》中英源音译外来词的语音进行观察描写。通过英汉语音以及音系对比，对各英语音位在晚清官话中的借入情况进行统计分析，总结了晚清时的借音规律，并解释了例外产生的原因。

第四章以汉字为出发点，总结了英源音译外来词的用字形式，并对音译选择的影响因素以及音译词的演化路径进行了讨论。

第五章聚焦英源音译外来词的语义问题。首先讨论了借用古汉语词形的音译词对古汉语语义的消解和替代，然后从英汉语义对比的角度，对音译外来词词汇意义和语法意义进行了观察与描写。

第六章从翻译和文化的角度对晚清英源音译词和意译词的双向互动进行观察，讨论了本国文化与异域文化的角力过程。

第七章对晚清英源音译外来词的面貌及历时发展情况进行回顾和总结，并指出研究的创新和不足之处。

目　　录

第一章　绪论 ………………………………………………………… 1

第一节　研究背景 ………………………………………………… 1

第二节　研究对象与语料 ………………………………………… 2

一、晚清英源音译外来词 ……………………………………… 2

二、颜惠庆《英华大辞典》 …………………………………… 12

三、语料筛选与词库搭建 ……………………………………… 25

第三节　相关研究现状与存在的问题 …………………………… 26

一、音译外来词的语言学研究 ………………………………… 26

二、音译外来词的文化与翻译研究 …………………………… 32

三、目前研究中存在的一些问题 ……………………………… 35

第四节　研究目的与意义 ………………………………………… 36

第五节　研究方法 ………………………………………………… 37

一、量化研究与质性研究相结合 ……………………………… 37

二、静态描写与动态分析相结合 ……………………………… 37

三、共时研究和历时研究相结合 ……………………………… 37

四、语言与文化相结合 ………………………………………… 37

第二章　音译思想与音译外来词的历史发展 ……………………… 38

第一节　明清以前的音译思想与音译外来词 …………………… 38

一、先秦时期 …………………………………………………… 38

二、秦汉时期 …………………………………………………… 39

三、魏晋隋唐时期 ……………………………………………… 40

四、宋元时期 …………………………………………………… 42
第二节　明清时期的音译思想与音译外来词 ………………… 43
一、明初至明中期 ……………………………………………… 43
二、明中期至明末 ……………………………………………… 44
三、清初至鸦片战争 …………………………………………… 45
四、鸦片战争至清末 …………………………………………… 45
第三章　晚清英源音译外来词的语音考察 ………………… 49
第一节　英汉语音系统 ………………………………………… 49
一、英语语音 …………………………………………………… 49
二、晚清官话 …………………………………………………… 52
第二节　晚清英源音译词的元音考察 ………………………… 54
一、前高元音/i/与/ɪ/ ……………………………………… 54
二、前中元音/e/与/ɛ/ ……………………………………… 58
三、前低元音/æ/ …………………………………………… 61
四、央元音/ə/与/ʌ/ ……………………………………… 63
五、后高元音/u/和/ʊ/ ……………………………………… 65
六、后中元音/o/与/ɔ/ ……………………………………… 67
七、后低元音/ɑ/ …………………………………………… 69
第三节　晚清英源音译词的辅音考察 ………………………… 71
一、塞音/p/、/b/、/t/、/d/、/k/、/g/ …………………… 71
二、擦音/f/、/v/、/θ/、/ð/、/s/、/z/、/ʃ/、/ʒ/、/h/ ……… 76
三、塞擦音/tʃ/、/dʒ/ ……………………………………… 82
四、鼻音/m/、/n/、/ŋ/ ……………………………………… 83
五、流音/l/与/r/ …………………………………………… 86
六、半元音/j/与/w/ ………………………………………… 89
第四节　晚清英源音译外来词语音借入的特点 ……………… 91
一、借音规律初现 ……………………………………………… 91
二、方言音译现象 ……………………………………………… 94
三、源词拼读失准 ……………………………………………… 97

第四章　晚清英源音译外来词的用字考察 …………………… 99

第一节　音译与汉字 …………………………………………… 99

一、汉字的性质与特点 ………………………………………… 99

二、音译用字类型 ……………………………………………… 101

第二节　晚清音译外来词用字与词形演化路径 ……………… 113

一、单一词形的演化与分布 …………………………………… 113

二、同源异形词的演化与分布 ………………………………… 118

第三节　晚清英源音译词用字与词形调整的影响因素 ……… 124

一、语音因素 …………………………………………………… 124

二、文字因素 …………………………………………………… 131

三、语义因素 …………………………………………………… 137

第五章　晚清英源音译外来词的语义考察 …………………… 140

第一节　晚清音译外来词与古汉语语义的消解和替代 ……… 140

第二节　晚清英源音译外来词的词汇意义 …………………… 145

一、概念意义 …………………………………………………… 145

二、附加意义 …………………………………………………… 153

第三节　晚清英源音译外来词的语法意义 …………………… 156

一、结构意义 …………………………………………………… 156

二、功能意义 …………………………………………………… 160

三、范畴意义 …………………………………………………… 161

第六章　晚清英源音译词与意译词的互动 …………………… 165

第一节　音译、意译与文化 …………………………………… 165

一、翻译中的音译与意译 ……………………………………… 165

二、翻译与文化 ………………………………………………… 165

第二节　晚清英源音译词与意译词的竞争与双向演变 ……… 167

一、音译词与意译词的竞争 …………………………………… 167

二、音译词向意译词的演变 …………………………………… 171

三、意译词向音译词的演变 …………………………………… 174

第七章　结语 …… 178
第一节　研究内容回顾 …… 178
第二节　研究创新之处 …… 179
第三节　研究不足与展望 …… 180
参考文献 …… 181

第一章　绪　　论

第一节　研究背景

语言是交际的工具。不同民族之间的战争征服、贸易往来、文化交流、移民杂居等各种形式的接触，促进了语言和文化的接触。外来词是语言接触最直观的成果。在几千年的历史发展中，汉语与匈奴语、蒙古语、梵语、阿拉伯语、英语等各种语言接触，吸收了大量的外来词汇。这些外来词使汉语的词汇系统得到丰富和发展，也对汉语整个语言系统产生了深远的影响。

外来词为文化、语言、社会、民俗、翻译等方面的研究提供了丰富的素材，但是在语言学研究中，外来词汇的研究相对于语音和语法研究而言仍显薄弱，还有许多空缺的环节有待进一步填补。在外来词中，音译词的外来身份从未受到质疑，也未引起任何归类上的争议。它几乎可以算得上是外来词的一种“默认”形式。然而，也许正是因为这种“理所当然”，使得音译词的研究几乎成为外来词研究中的边缘地带。二十世纪以来的各类汉语外来词研究大都以意译词、日语借词为主，音译词的研究成果较少，也缺乏系统性。

由于音译词的产生与源语词的语音密不可分，因此需要按语源对音译词进行区分，这样才能进一步将研究深化、细化。本书的外来词语源选择为英语，不仅是因为英语作为当今社会的通用语言具有巨大的影响力，也是因为英汉语言的接触在现代依旧保持着活力和生机。深化对英源音译词的了解，对于当下的语言规范也有一定借鉴作用。

本书将研究的时间段锁定在晚清，是因为这一阶段正是西学东渐的重要阶段，也是社会变革的时代。鸦片战争之后，“百年禁教”的结束、通商口岸开放以及向西方学习的主观意识的发展推动了中外文化更深、更广的交流。在这一时期，汉语吸收了许多英源的外来词汇，其中也有相当大的一部分成为现代汉语词汇中的组成部分。然而，现实却是，研究晚清外来词的鲜少讨论音译词，研究音译词的大多关注二十世纪九十年代以后出现的音译词。音译词的研究集中在共时研究上，对于它的起源、发展以及演变等动态的关注较少。

鉴于此，本书在考察国内外文献的基础上，利用晚清时期各类文献，在封闭的语料系统内，通过共时描写以期系统性地勾画出晚清时期汉语吸收英源音译外来词的面貌和特点；通过历时考察挖掘英源音译外来词在语音、用字、语义以及译介方式演变上呈现的规律，以深化英源音译外来词的研究。

第二节　研究对象与语料

一、晚清英源音译外来词

（一）外来词

在词汇学研究中，并没有一个统一的术语定义从外族语言吸收的词汇。在《汉语大词典》中，与之相关的概念有“外来词”“外来语”“借词”三个。语言学界相关概念的表达更多样，“外来词”有高名凯、刘正琰（1958），符淮青（1985），刘叔新（1990）等；“外来语”有章太炎（1902）、吕叔湘（1942）、岑麒祥（1990）等；“借词”有赵元任（1970）等；“借用语”有胡以鲁（1914）等；“外来影响词”有史有为（1993）、黄河清（1995）等。“外来词”“外来语”以及“外来影响词”突出的是词汇来源的异域特征，而“借词”“借用语”则是强调汉语与外语的互动关系。这两类术语中又分别以“外来词”和“借词”最为常用。虽然高名凯和刘正琰（1958）曾经对“外来词”和“借词”进行了区分，认为前者是本族语言进行改造之后的词而后者并未经过改造，但大部分学者在使用相关概念时将二者视为等义词，如杨锡彭（2007）。鉴于此，本书中的“外来词”可看作“借词”的同义词，二者并无分别。在语言单位上，由于汉语中词与短语的界限有时很难完全清晰地划分，因此本书虽使用“外来词”这一术语，但实际上是包含词和语两级单位的共同体。

（二）音译与音译外来词

关于外来词的外延，有严式和宽式两种不同划分方法。前者认为只有音译词才是外来词，后者则认为音译词与意译词都属于外来词的范畴。由于语义是词汇最核心的内容，不能因为意译词在形式上使用汉语语素就否认其外来性；同时，意译词虽使用汉语语素，但有时还会创造新的语言成分。基于此，笔者认为意译词属于外来词，本书使用“音译外来词”来指称研究对象。下面对核心概念的内涵和外延进行说明：

1. 音译外来词界说

“音译”本是古汉语中就有的词。在南朝文献中，“音译”出现了两个义项：

（1）及景素结逆，履霜岁久，乃密通音译，潜送器杖，氛沴克霁，狡谋方显。（沈约《宋书·黄回传》）

（2）什率多暗诵，无不究达。转解秦言，音译流利。（僧佑《出三藏记集》）

第一例出自齐朝时期沈约所著《宋书·黄回传》，《汉语大词典》中将此处“音译”解释为情报、消息，也有学者将其解释为“译者”，无论作何种解释，都不同于与今天的“音译”，在南朝以降的文献中也没有再发现类似的用法。第二例出自南朝齐梁时期的文献，讲述的是东晋时期后秦高僧鸠摩罗什的故事，此处的“音译”大抵与今天的“音译”接近，南朝以后，“音译”一词多次出现在历史文献中。

“音译”中有两个构成成分：“音”和“译”。《说文解字》言：“音，声也。生于心，有节于外，谓之音。”“译，传译四夷之言者。从言，睪声。”从字面上理解，“音译”就是“翻译声音”。《汉语大词典》将“音译”定义为：“把一种语言的语词用另一种语言中与它发音相同或近似的语音表示出来。”“音译”在英语中的对等词叫 transliterate，由拉丁前缀 trans-（跨越）和拉丁词根 littera/litera（字母、字符）组成。《牛津高阶英汉词典》对 transliterate 的解释是：write words or letters in or as the letters of a different alphabet，即将词或字母用另一字母体系中的字母写出。《世纪词典：英语百科词汇》（*Century Dictionary and Cyclopedia*）（1894：6434）则补充说明道：“这种方法是以相同或是几乎相同的方式在另一种语言拼写单词，但是以不同的方法发音，需要遵守目的语的音系规则。”

从英汉词典中的定义不难看出，音译在不同的语言文字系统中其表现形式并不一致。在英语等表音文字的语言中，音译称不上“译”，它是直接将其他语言中单词的词形照搬到自己的语言里，然后以本国语的发音方式拼读单词，例如英语中的 hotel（酒店）、voyage（旅程）、ballet（芭蕾）都是从法语传入的，这些词汇进入英语系统后读音都做了相应调整［otεl］→［ho'tεl］,［vwajaʒ］→［'vɔɪɪdʒ］,［balε］→［'bæle］。当然，有些词出于种种原因，发音向源语靠拢，但是仔细分辨仍然能看到本族语的改造痕迹，比如英语中的 entrepreneur 保留了法语重音在最后一个音节的特点，但是其中的元音、辅音还是按照英语中的读音来发音。

对于采用表音文字的语言而言，由于它们保留了源词词形，音译词往往从进入目的语伊始就以大致稳定的形态存在。但是，由表音文字音译成意音文字或表意文字的情况就复杂得多，也不稳定得多，这是因为：其一，使用表音文字的语言和使用意音文字的语言一般属于不同的语系，本身的语音差别更大；其二，从表音到意音文字的转换需要经历两个阶段。第一阶段是“音”的转换。源语和目的语相互影响、相互制约，源词发音决定了译词语音的选择范围，译词语音系统的规则对源词语音的改造设定了边界，二者在博弈中，语音必然会有所损失，只能实现大致的相似。此外，由于语言系统中某些音位的空缺，译入时可能采取不同的音位予以填补，这便导致了“音”的多样性。在第二阶段“字”的转换中，相同发音的文字不只一个，文字本身的意义也会影响用字选择，进一步增进了多样性。从总体上看，在采用意音文字的语言中，音译词的引入在最初常是多种形式并存，十分混乱且带有一定的主观性。这些音译词需要经过时间的筛选，直至以固定的形态存活于语言之中。

对于汉语而言，音译词中的“音”问题多多，“译”也同样如此。对于“译”的理解会影响人们对“音译”一词是否成立的看法。很多人认为，翻译意味着意义的传达而非字或词的转换。1914 年胡以鲁在《论译名》一文中，就提出了这个问题。他写道：

> 传四裔之语者曰“译”，故称“译”必从其义，若袭用其音，则为“借用语”；“音译”二字，不可通也。借用语固不必借其字形，字形虽为国字，而语非己有者，皆为借用语；且不必借其音也，外国人所凑集之国字，揆诸国语不可通者，其形其音虽国语，其实仍借用语也。借用语原不在译名范围内，第世人方造“音译”之名，

以与“义译”较长短，故并举而论之。（胡以鲁，1914）

在胡以鲁看来，翻译必须实现意义的传递，而音译词并没有实现意义的传达，因此不能称为“译”。二十世纪五十年代孙常叙也表达了类似的看法，他认为音译词只是“汉语语音化了的外国语词”（孙常叙，1956：309），汉字只是一种“记音符号”，音译词并没有变为真正的汉语词，因此并不具备翻译的性质。在很多学者看来，音译词无法从字面表达外族语言的意义，因此不能算作不同语言间的翻译，只能算作语言借用（张博，2019：72）。

当然，也有学者对此表示异议。章士钊在回应胡以鲁的文章中，引《方言》中“译，传也”之释义，认为“传”的可以是意义，也可以是声音。虽然“译”可作“释”讲，以意义的传递似乎更为恰当，但是并不能否认声音的传达也是一种翻译。且从佛经翻译开始，音译与意译并存，非要用“借用”和“翻译”来区分有时难以界定（章士钊，2000：67）。朱自清对此也表示赞同，他认为音译词也是用汉字写成，所以可以算翻译，只有用外国字的才是借用。他认为胡以鲁对“借用”的定义过宽泛而对“翻译”的定义过狭隘（朱自清，1984：46）。上述论断虽然从另一方面说明了“译”用字的合理性，但是并没有直接针对“音译词没有传达意义”作出回应。

那么，音译词是否真的无法传递意义呢？高名凯、刘正埮（1958）在论述音译词和意译词是否是外来词的时候曾说道：

> 我们所以运用外来词正因为他族人民所介绍的新事物或新概念，而为本族人民所没有的……大家知道，语言的任何成份都是音义结合物，词也不能例外。外语的词有它的语音部分，也有它的语义部分，这两部分都是外语的词不可缺少的要素。把外语中具有非本语言所有的意义连音带义搬到本语言里来，这种词才是外来词，因为它是把“音义结合物”整个搬了过来。

这一看法从现代语言学的观点出发，有一定说服力。毫无疑问，音译词将外语词的语音以近似的形式引进了本族语，在语义方面，它也能实现意义的传递。只不过，这种意义的传达无法像胡以鲁等人所强调的共时的、同步的传达，使读者能够在看到词的瞬间就能明了词义，而是一种历时的、异步的发展过程。之所以有外来词，就是因为在本族语中不存在相关的事物或者概念。音译词的最大功能就是第一时间填补语义空缺，但是填补的过程是一个不断竞争、筛选、淘汰和固化的过程。新事物、新概念引入之初，会产生各类形态各异的译名，随着人们认识的加深，指称方式趋向稳定，译名的确立是由个人命名到社会约定俗成的过程。当词汇融入语言系统之后，意义凝结，音译词也能实现意义的传达。也许在晚清，人们看到“咖啡”二字不明所以，不能理解其义，但现如今它已然进入词典，承载了意义，用“咖啡”对应 coffee，很难说它因为字面上没有“从其义”就不算翻译。

之所以有如上讨论，在于从个人用词到社会用词是一个漫长的发展过程。在概念引入之初，音译词有很强的主观性，音义的结合度较低、联系较弱，所以容易被视为“无意义”。严格说来，音译外来词的界定应该规划在语言的范围内，而非言语中的词汇。换言之，记录在各类汉语词典或官方文件中的音译外来词才能算得上是真正的音译外来词。这些文献可以是过去的，也可以是现在的，因为它们至少能从一定程度上反映社会对于词汇的认可和接受。但是，由于晚清时期的外来词呈爆炸式发展，虽然很多译词个人特色浓厚而且被历史淘汰，但由于具有一定的研究价值，也被收录进了外来词词典。因此，现在外来词大多采取宽式的定义，而在宽式定义下的音译外来词音义的结合就不那么紧密了。

虽有许多争论，但鉴于“音译”这一术语已经广泛使用，本书仍沿用该词来表达相关概念。相比“意译词是不是外来词”的争论，音译词的外来词身份从未受到过质疑。但也正是因为这种“风平浪静”，使得音译词的研究一直不温不火，没有得到足够的重视。

2. 音译外来词的类型

音译首先需要语音的模仿和转写。根据目的语对源语词汇语音改造的方式和程度，可将音译外来词大致分为如下几种类型：

(1) 纯音译

纯音译指的是单纯用目的语文字转写外语词语音。由于语言之间的差异，这种转写并不一定完全对应。譬如 aspirin 有三个音节［ˈæspərɪn］，但音译词“阿司匹林”变为四个音节。在音译中，目的语总是根据自身的语音和音系特征，对源词的语音进行部分调整和修改，以最大限度地实现语音近似。纯音译是最为常用的一种手段，相较于其他类型，有以下特征：

① 纯音译词中的每个字都是源词语音的映射，是一种记音符号。这

种语音映射可以是音节到音节的映射，也可以是音素到音节的映射。映射可以是较忠实的，也可能是不太忠实的。

② 纯音译词中的字单独看来可能有意义，但是单字意义的叠加并不能构成理据形成整体意义，源词的构成及其内部的组合规律在音译中消解。仍以“aspirin/阿司匹林”这一组为例，aspirin 由三部分构成：a）词头 a 代表乙酰化（水杨酸），是阿司匹林的主要成分；b）拉丁词根 spiraea，即绣线菊，人们从其花苞和叶子中含有的水杨酸提炼出最早的阿司匹林；c）用以构成化学名的后缀-in。英语源词的构成有较强理据，但是音译成汉语后构词理据完全消失。同时，汉字的字面意思不能构成纯音译词的理据。比如“司”有主管、操作之义，“林”指成片之树木，但“阿司匹林”与主管、树林没有什么关系。音译词的意义以整体形式而存在，不能拆分来看。

③ 大多数纯音译词的词形并不存在于原有的汉语词汇中。有少量的纯音译词与汉语固有词汇形式完全一样，但意义没有任何联系，应视为同形异义词。比如澳大利亚首都 Sydney 在中国大陆地区音译名为“悉尼”，在台湾地区译为“雪梨”。悉尼既不盛产雪梨当地人也不爱吃雪梨，“雪梨”之名完全是音译的结果。

以上特点决定了纯音译词最初的词形很不稳定，需要经过较长时间的频繁使用逐渐固化为稳定的形态才能真正融入到汉语中来。

（2）谐音音译

谐音音译是指在遵守音译原则的前提下，选择目的语中能引起与源词相关的语义联想且字音相同或相近的字进行语音转写的一种方法。从魏晋南北朝时期的佛经翻译开始，就已经出现了谐音音译词。相较于纯音译词，谐音音译词的特点是：

1）谐音音译词中的每个字都起到了记音的功能，是源词语音的映射。但是，其映射的忠实度不如纯音译词高。大部分的谐音音译词都不能完全真实地反映出源词的语音面貌，只不过有的词语音离源词近一些，有的远一些。譬如“乌托邦”译 utopia，从音节上来说大体相当。“乌”和“托”对应［ju］和［to］两个音节，但“邦”和［piə］就差得比较远了。再如“几何”译意大利语 geometria，音节差异较大且只有第一个音节实现了语音相似。“geometria/几何”不如“utopia/乌托邦”忠实，而这两组都不如纯音译词忠实。

2）采用古汉语或现代汉语中已有词汇构成的谐音音译词，其内部存在一个虚拟附会出来的内部语义形式，谐音音译词表面上的构词理据并不是外语词的构词理据。它与汉语原词之间存在语义差异，并以汉字语义为基础产生联想意义实现表达效果。

3）用汉字重新加以组合创造出的谐音音译词，在用字上会选择那些能够表达意义的汉字，单字的字义并没有完全消解，词义可以从构词汉字的字面意思推知一二，例如“雪纺”能推测出 chiffon 大概是某一种纺织品。

谐音音译词便于记忆且有一些趣味的成分在其中。现代的商标品牌翻译采用谐音音译的方法较多，好的谐音音译名也更便于记忆和传播，如奔驰/Benz。有的时候人们为了实现新奇逗趣的目的，故意将某些外语单词用谐音别解，比如“爱斯不难读”/Esperanto（世界语）、“由你玩四年”/university（大学）。这些词曾经流行一时，但并未进入语言的规范系统之中。从总体上看，谐音音译词比纯音译词表意性更强，汉化程度更高，反映出使用者的心态和汉字理据性的特点。

（3）形声音译

形声音译词是在对外语词进行语音模仿时，借用汉语原有形声字或者创建新的形声字所形成的音译词，比如来自波斯语的 budawa 曾有不同的译名。《史记·大宛列传》：“大宛在匈奴西南，在汉正西，去汉可万里。其俗土著，耕田，田稻麦。有蒲陶酒。”在《史记》同一篇中，又有：“及天马多，外国使来众，则离宫别观旁尽种蒲萄、苜蓿极望。”在“蒲陶”“蒲萄”“蒲桃”“葡桃”等众多词形的竞争中，最终定形成以草字头为形旁的“葡萄”。柠檬、榴莲、芒果等常见水果名，也依循了形声音译的原则选取了表植物的“艹”或“木”作为形旁。与前两类相比，形声音译有如下特点：

1）作为音译的一种形式，形声音译词首先也起到记音作用。形声音译的语音忠实度比谐音音译词高，与纯音译词基本相当。也就是说，形声音译一般不会出现“顾形不顾音”的状况。

2）形声音译词以汉字的构字部件而非单个汉字来表达意义。在形声音译词中，单个的汉字可能有意义（如“魔”“僧”），也可能没有意义（如“葡”“萄”）。由于形旁表意，形声音译词的汉化程度要高于纯音译词。

3）形声音译词中所选用的汉字有两种来源，一是已有汉字，二是新造汉字。对于已有汉字，一般只借用汉字字形，不借字义，如“芒果”中的“芒”，在古汉语中的义项有：①草名。似茅，可做绳索或草鞋。②谷类子实上或草木上的针状物。③光芒。④通“茫”，模糊不清。“芒果”中的“芒”与这四个义项没有任何关系；再如“安瓿”中的“瓿”，古汉语中指盛酱醋之类的瓦器，与源词 ampoule 的词义无关。对于新造汉字，也有两种情况。其一就是选用表示源词某一特点的偏旁为形旁，比如各类化学元素名，金属采用“钅”字旁，气体采用“气”字头。第二种情况是用“口”字旁为形旁表示该词为外来词，如咖啡、咖喱等。

形声音译词在语音上靠近纯音译词，忠实度较高；在表意上靠近谐音音译词，有一定的表意作用。它利用了汉字偏旁作为义符，汉字内部形式较明确且有合理理据，但是字与字之间并未形成内在的联系。形声音译词更便于记忆，能让人“见形”知“大义”。

（4）音译加标

音译加标是指在音译外语词后，根据源词语义在译词上附加一个汉语语素对词义进行标记。根据音译词和汉语标的位置关系，又可以大致分为两大类：一是“音译＋标”；二是“标＋音译”。

“音译＋标”类首先将外语词音译为汉语，然后在其后加上一个汉语语素作为标记。附加的汉语语素和音译词之间的关系又可分为两类。第一类“标”表示外语词的范畴类属。音译词和汉语标之间大多为偏正关系，比如 arrack/哑叻酒、Swiss/瑞士国、beer/啤酒等。这里的类标和形声音译中的形旁有相似作用，能明确音译词的所属，使人见形时能对其义有一个大致的判断。第二类“标”表示的是外语词的动作对象。音译词与汉语标之间形成动宾、动补或主谓关系，例如“泊车/park”，其中“泊”是对 park 语音的模仿。古汉语中的“泊”只表示停船靠岸，不能表示停车。在“泊”后加上停放的对象“车”使语义更加明确。这类音译加标词数量比较少，源词通常为单音节动词，因此加上“标”后从语音上更符合汉语规律，从语义上更加清晰。

“标＋音译”词则是在音译的外语词前加上一个汉语语素形成的音译词。这里的“标”也有两种情况，第一类“标”是对音译词的具体描写和修饰，“标”与音译词形成偏正关系，例如 tire/车胎、bar/酒吧；第二类“标”是汉语前缀，没有实际意义，比如 figure/阿飞、sir/阿蛇。此类情况数量较少，仅零星发现个别案例。

从以上两大类四小类的情况，不难总结出音译加标词的一些特点：

1）与前三类不同，音译加标词对源词语音的摹写并不是通过整个汉语词体现，而仅是汉语词中的一部分，附加的“标”与源词语音没有任何关系。

2）音译加标词可以实现一定的表意功能，但是这种表意不是内化的，而是外化的。谐音音译和形声音译都是通过音译词本身的文字来表达的，而音译加标则是在译音文字以外添加汉语语素来实现。

3）音译加标词中添加的汉语标一般为单音节汉字。这比较符合词汇的经济性原则。

音译加标词有比较好的语音忠实度，在语义上也有一定的外显。其语义重心落在音译词上，汉语标起到一种提示、辅助的作用。

（5）半音半意

半音半意是指在翻译外语词或词组时，一半采用音译另一半采用意译。从音译和意译的位置关系来看，也可以分为两大类：

一是“音译＋意译”。译词中音译成分在前，意译成分在后，如霓虹灯/neon lamp、登革热/dengue fever。

二是“意译＋音译”。译词中意译成分在前，音译成分在后，如冰激凌/ice-cream、千瓦/kilowatt 等。

半音半意词的特点主要有：

1）前四类词源词语音得到相对完整的保留，但是在半音半意词中，仅有部分源词语音保留下来，源词内部的形式关系从某种程度上得到体现。

2）半音半意词中意译成分也是源词的组成部分，不是后来的附加成分，这是半音半意词和音译加标词的一大区别。因此，即便半音半意词中的意译成分有时也有“类属”的特征，但通常不会在语言的使用中被省略，譬如“色拉油/salad oil”就不能说成“色拉”。

3）半音半意词可以是对一个词的切分（如基因型/genotype），也可以是对词组的切分（如苹果派/apple pie），意译成分一般来自源词中的词缀（如-ism）以及复合词或词组中的表类属和修饰的成分。词缀意译后形成的成分促进了汉语类词缀的发展，如汉语中的“-主义”“-家”“-学”

等都是在外来词的推动下发展起来的。这类意译成分常具有可推性，现大多可以脱离外来词语境，成为汉语中具有活力的构词成分。由复合词或词组催生的半音半意词，其意译成分的能产性要稍差些。“音译＋意译”词中意译成分一般表事物概念的范畴类属，“意译＋音译”词中的意译成分一般表事物概念的性质特点。它们与音译成分形成偏正关系，构成汉语中的偏正合成词。

半音半意词从词和词组的内部形式对源词进行了切分，其音译部分大多比较忠实地反映了源词语音，意译部分为人们的理解提供帮助。半音半意词是部分汉化了的外来词，更为重要的是，它将外语中的词缀以翻译的方式引入汉语中来，促进了汉语词缀和类词缀的发展，丰富了汉语的词缀和词汇系统。

（三）英源音译外来词

英源音译外来词是指在汉语外来词中那些以英语词的身份引入汉语词汇系统中的词汇。这里需要明确两点：

第一，英语与汉语的语言接触是直接的，而非通过第三种语言产生的间接语言接触。晚清时期日本也在与西方频繁接触，日本明治维新以后，翻译了大量西学书籍，也创制了许多以日制汉字为基础的新词（冯天瑜、［日］刘建辉、聂长顺，2007：3），这些新词新概念又被中国的知识分子学习借鉴回流到中国。比如“浪漫”是英语 roman 的音译形式，中国最早有关“roman/浪漫”的书证是 1919 年，而日本最早的书证是 1907 年（史有为，2019：640）。也就是说，“浪漫”的传入路径很有可能是英语→日语→汉语，它不是英汉直接语言接触的产物，因此不能归入本研究的范围之内。

第二，对于音译外来词语源的定位是以汉语为出发点的语源分类。换言之，仅考察该外来词是从何种语言借入到汉语的，而不是对其源词本身追根溯源，例如汉语中的“雪茄”是对应英语 cigar 的音译外来词，但是 cigar 本不是英语自有的词汇。虽然 cigar 的词源可以追溯到西班牙语或玛雅语，但这是在借入汉语之前就已经完成的变化，并没有对汉语产生直接影响，故而在本研究中“雪茄”的词源依然判定为英语而非西班牙语或玛雅语。

以上是本书考察词源、筛选词条的两条基本线。通过对词源的梳理，能够更好地聚焦英源音译外来词，有利于词汇的观察描写和规律总结。

（四）晚清英源音译外来词

晚清英源音译外来词对外来词的时间段进行了界定，指的1840年前后至1911年以前产生的英源音译外来词。有一些英语词汇最初进入中国的时间可能要早于1840年，但在1840年至1911年期间又产生了许多同源音译词，这类词汇也在本书的研究范围内。这一时期，中国与西方的社会交往开始增多，是英汉大规模接触的最早阶段，可以算作英源音译外来词历史的起点。然而就目前国内汉语音译外来词的研究而言，大多都是聚焦改革开放以后或是新世纪出现的音译外来词，很少有专门关注晚清音译外来词的研究。事实上，晚清的这些英源音译外来词呈现出了一种动态的、竞争式的词汇生态，对于研究词汇的历时发展和演变提供了丰富的素材。

二、颜惠庆《英华大辞典》

（一）语言学研究中的双语辞书

在晚清外来词汇的研究上，语言研究者们选择语料主要有两个方向：一是晚清时期的古籍或历史文献，包括近代传教士所编写的书籍报刊、中国文人的域外游记、中国官员的奏折文献等等；二是现代学者们编纂的相关外来词词典。不论是通过哪一种渠道，都很难穷尽性地搜集晚清时期的语料。此外，通过这两种渠道收集的词汇还有一个共同的问题，就是同一个外语词的汉语词形有很强的个人色彩：第一种渠道搜集的词汇带有书籍编纂者的个人色彩；而第二类渠道搜集的词汇大多也是对第一类的归纳整理，它并没有也不可能对当时的各类词形进行筛选和判断。这也间接说明，大部分的词汇语料都属于“生语料”，没有（或无法确认是否）得到社会的认可以及语言系统的接受。

另一方面，词典是记录词汇意义和用法的重要参考工具。相较于其他文献而言，英汉词典中的词汇是语言体系中的词汇而非言语体系中的词汇，是“熟语料”而非“生语料”。词典中的词条及其汉语对等词是在诸多文本基础之上筛选出来的，正如著名词典学家拉迪斯拉夫·兹古斯塔所言：“词目能够而且应该能够看成是我们所称的词汇抽象。”（Zgusta，1971：268）相较于历史文献中出现的词汇，词典中建立起的双语关系更具有社会性和权威性。此外，英汉词典虽然也是由编者编纂而成，无法完全摒除编者的主观影响，但是编者们并不是以个人身份出现，而是成为“社会意志的代表”（胡开宝，2005：85），他们在编写时一般不会带有明显的个人语言风格或情感，而是处于“隐身”的状态。因此，相较于个人编写书籍中出现的音译外来词，英汉词典中的音译外来词能够更好地剔除主观因素的影响，更有代表性。

英汉词典不仅是一种权威性文本，也是一种准效应性文本。使用者查阅英语词典时或是需要确认英语单词的读音，或是对英语词汇的意义和用法不甚了解，抑或是不知如何用汉语表达某一词汇。他们处于一种不安或不确定的心理状态，希望通过查阅词典来解决实际中产生的问题。在这个过程中，他们很少会对词典信息的准确性提出质疑，更多时候是以词典中的译文或用法为“标准答案”。在英汉翻译时，也有一些人从不敢越词典的雷池半步，常常是对词典中的汉语对等词照搬照用（陈伟，2007：220）。虽然从翻译的角度而言这并非一种好的做法，但无疑也从另一个方面说明英汉词典中出现的汉语词汇有较强的示范性和效应性，对使用者产生了直接的影响。相较于其他文本中出现的音译外来词，词典中记载的词汇更有可能成为社会效仿的对象，从而推动该词汇的使用和传播。

英汉双语词典为英汉语言接触以及英语语言成分的吸收提供了重要载体，其权威性和准效应性使其成为统一外来词及科学术语译名的重要手段，它的研究价值不言而喻。然而遗憾的是，辞书与教科书一样，虽然发行量大、流通面广、影响力强，但是历来都不被文化史或是思想史专家关注（陈平原，2007：2）。在语言学的词汇研究中，单语语文辞书的价值得到了人们的肯定，近些年也却有不少学者基于词典进行封闭系统研究取得了丰厚的成果。但是在外来词的研究中，学者们大多是使用外来词词典或是诸如《汉语大词典》等单语词典作为词库来源展开调查，对于历史英汉双语词典的关注远远不够。鉴于此，本书以晚清英汉双语词典为研究范围，以期能够深入发掘英汉词典历史文本的语言学价值，深化晚清的英源音译外来词研究。

（二）颜惠庆《英华大辞典》概貌

最早的英汉汉英双语词典当属英国传教士马礼逊（Robert Morrison）于1819年至1823年间编纂的《华英字典》，其影响力也是毋庸置疑的。但其成书时间处于十九世纪早中期，不能反映出晚清英源外来词的面貌。因此，在词典选择时，笔者综合考虑了词典的时间节点与影响力，选择了民国前编纂出版的最具影响力的一部词典——1908 年颜惠庆《英华大辞典》。

1. 编纂背景

(1) 传教士与英汉词典编纂

1807 年，英国伦敦会的传教士马礼逊抵达广州，他在汉语学习方面做了很多开创性的工作，其中之一就是编写语言工具书，这也是伦敦会对其下发的“书面指示”中的两项主要任务之一（艾莉莎·马礼逊，2004：25）。在马礼逊之后，麦都思、罗存德、卢公明等西方传教士都编纂出版了在当时具有影响力的英汉汉英词典。从整个十九世纪传教士词典的出版情况来看，成果是喜人的。但值得注意的是，最初编纂词典的动机在于辅助传教士的汉语表达，以便他们更好地适应、融入中国社会，因地制宜地开展传教活动。在这一背景下，早期的英汉词典往往以西方读者为中心，致力于寻找英语与汉语词汇单位基本的语义对应。英汉词典成为汉语学习的辅助工具，而非英语学习的参考书。马礼逊就曾在《华英字典》第三部分《英华词典》的序言中表示：“这里（英华词典）收集的单词和短语将给学习汉语的学生提供重要帮助……”（Morrison，1815-1823：1），马礼逊还建议使用者参考第一部和第二部字典中相关汉字的定义，以便纠正一些错误。

马礼逊词典的这种西方观照一直影响着传教士词典。可以说，十九世纪出版的这些传教士辞典几乎算不上学习型词典，所提供的词条信息内容并不充分，与词条相关的语文信息几乎从未涉及。相反，在词条的汉语“对应词”上却都体现了学习功用，例如，虽然传教士们所用的方式各异，但均做出了给汉语注音的尝试。在双语辞典的编纂上，这种给对等词注音却不给词条注音的做法是极其特殊的现象。在语法信息上，传教士辞典并没有像西方单语语文辞典一样标注词性，也没有提供相应词语的用法信息。与主词条相关词汇或短语的构建，也是基于词条对应的汉语意义与用法，如先皇、太上皇、皇太后、太子等是根据“皇帝”一词构建的语义场，而不是根据 emperor 这一英文词条构建的，因此，使用者可以在使用词典的过程中学习到大量的汉语词汇、俗语和用法，但是却很少能够扩展对英语词汇的理解。词语的释义也是早期传教士词典不太重视的方面，如卫三畏和麦都思词典，均未给出词条的英语释义。因此，这两部辞典虽以“英华辞典”或“韵府”为名，但更像词表，或是检索汉字的汉英辞典。

传教士英汉辞典的这些特点，一方面是受限于英语词典本身的发展阶段，但更重要的一方面则是因为传教士们的“西方读者观”。通过这些词典，西方人可以快速寻找到相应英文的汉语译词，完成汉语的书面和口语编码。至于英语词条本身的语音、语法和释义等问题，对西方用户而言本就不是问题。即便偶有困惑不解的地方，他们也完全可以通过更为专业的英语单语语文词典来解决。因此，传教士所编纂的英汉词典中，英语信息被大量简化，汉语信息被扩大，出现了一种“以汉语为中心”的倾向。

(2) 英语教育的发展与新兴读者群的需求

到了十九世纪中叶，中国经历了战败的耻辱，社会的各个方面开始发生变革，词典的用户群体也在逐渐发生变化，英语教学在这一时期蓬勃发展。教会学校与英语教学本就有着天然的联系，但在十九世纪六十年代中期前，大多数的教会学校都没有开设英语课程，只有一些开埠较早的口岸城市对英语教学有所重视。教会也曾对“是否必修英语”这一问题进行过激烈的争论。监理会传教士潘慎文、长老会传教士狄考文、长老会传教士裘德生等都表示过对中文教学的支持，他们认为无论是传授科学知识还是传播福音，都必须根植于中国语言文字，才能有长远的发展。而圣公会传教士卜舫济，美以美会传教士力为廉、武林吉、李承恩等则反驳了这些观点，他们认为英语教学有诸多益处：一是便于新概念的指称和交流，二是扩大学生的知识范围，三是活跃思想促进独立研究。有一些传教士还强调，凡是有条件的应在学校内造成一种英语化氛围，使学生仿佛置身于英、美国家（刘虹、马镛、金林祥，2013：386）。在1896年的第二届中国教育大会上，卜舫济甚至还提出“英语是帮助中国人获取新生活方式的最佳途径”（Educational Association of China, 1896）的观点。这场关于英语教学的激烈争论，最终以支持方的胜利而告终。随后，从沿海到内陆，从小学、中学到大学，教会学校的英语教育全面铺开。

另一方面，中国本土的教育也开始了变革。经历了两次鸦片战争失败的惨痛教训后，一部分清政府官员终于从迷梦中清醒，认识到“师事洋人”的重要性。洋务派开设了一大批新式学堂，其中就有京师同文馆、广州同文馆、南京同文馆、武昌自强学堂等语言学校。此外，还有广州船政学堂、江南工艺学堂、上海格致书院、北洋水师学堂、湖北矿务局工程学堂等二十所新式学堂开设英语课程（夏东元，1992：435）。到了二十世纪，清政府又实施了一系列新政，1902 年颁布的《钦定学堂章程》虽然并未实施，但其中每周西学课程超过国学课程的做法也凸显出当时政府对西学的重视。1904 年，清廷实施了“癸卯学制”，1905 年又废除了科举制度，鼓励开办官办学堂。这一系列措施促使各类学校迅速发展。从初等教育到高等教育，英语教学始终贯穿其中。

除了教育部门的推动外，通商口岸的商贸发展也扩大了中国人英语学习的市场。晚清洋行的出现催生出了新的买办阶层。中国买办的收入是颇为可观的，因为他们主要通过佣金来获得收入。据海关记载，1890 年至 1913 年间，有两亿一千多万至九亿七千多万的贸易额通过买办之手（张寿彭，1986：32）。1840 年至 1894 年间，除自立行号、钱庄等的收入之外，买办的收入可达两亿多关两（黄逸平，1992）。不菲的收入吸引着不少无心科举的年轻人，他们都想借着学好英语进入买办机构，获得好的机会，从而改变自己的人生。正如梁启超所观察到的那样：“其翻译、通事之人，声价骤增，势力极盛。”（梁启超，2001：732）英语人才的短缺、英语学习风气的形成，促使口岸城市的英语夜校和培训班的数量激增。以《申报》上刊登的相关广告为例，仅 1873 年至 1875 这三年间，就有十五家机构刊登招生广告（熊月之、张敏，1999：288）。这些培训机构大多用英文授课，同时兼授涉外商务有关的知识，颇受欢迎。

不论是传统教育、教会教育还是业余教育，英语教学都留下了浓重的一笔。英语教育的发展、学生人数的增加无疑大大加强了市场对于教科书、参考书和工具书的需求。作为一种重要的工具书，词典的需求也与日俱增。但无论是想要了解掌握外国文化知识的传统知识分子，还是期望寻找好的发展机会的“非正统知识分子”，他们都不同于已经掌握了英语语音语法知识的西方人。十九世纪末期，中国英汉词典用户群体的面貌已经发生了根本改变。传教士编纂的英汉词典的缺陷也在此刻完全暴露出来。英语语音语法信息的缺失已经无法满足追求“实用性、职业化、外来事物”的新兴读者群（李家驹，2005：214）的需求。同时，词典释义上的问题也日益凸显。严复在《商务印书馆华英音韵字典集成》的序言中写道：

字典者。群书之总汇。而亦治语言文字者之权舆也。尚忆三十年以往。不佞初学英文时。堂馆所颁。独有广州一种。寥落数百千言。而义不具备。浸假而有五车韵府等书。则大抵教会所编辑。取便西人之学中国文字者耳。即至晚出数种。虽较前为富。然于一字数义。至夫名物动作区别形况之异用。皆绲而不分。学者叩其所不知。而黮暗愈甚。用以迻译。则事义违反。鼠璞相贸。往往多可笑者。故仆畴曩课教南北子弟。常勖其勉用西文字典。不得以华文字典之译义。望文骈迭为之。初学为此。蹶蹶其难。必迟又久。而后从顺。此皆字典之不精。致成学之难期。而译才之乏至如此也。（沈国威，2011：188-189）

中国学者对于词典使用过程中存在的问题有更为直观、切身的体会。已有词典的种种问题使得编纂适合中国人使用的英汉词典成为中国知识分子在十九世纪末面临的一个重要课题。

（3）出版业的助力：商务印书馆

英汉词典的发展同样也离不开出版业的发展和出版商的推动。1840年鸦片战争以后，中国出版业的格局在变革中走向新生。传统的官、私、坊三分天下的局面逐渐式微，新型的出版企业开始出现并发展迅速。正如梁启超所言，“书局日多”是晚清的一大文化现象（章开沅、罗福惠，1993：564）。教会和外国人创办的出版机构，不仅带来了先进的印刷技术、出版理念和企业模式，也丰富了出版的内容与出版物的类型。墨海书馆、美华书馆、广学会等教会出版社虽以出版宗教书籍、传播上帝福音为主，但同时也翻译了许多有影响力的西学书籍。传教士所编纂的英汉汉英双语词典无一例外都是由教会或外国商人创办的出版社出版发行的，譬如美华书馆就出版了卫三畏《汉英韵府》、富士德《英华字典》、鲍康宁《华英词典》等多部辞书。

同一时期，官方的出版机构，如京师同文馆、江南制造局翻译馆等也发展迅猛，其西书翻译出版一度曾经超越教会出版社。但在双语辞书出版方面，似乎并没有什么作为。直到1868年邝其照《字典集成》的出版，才改变了西方人在英汉汉英双语辞书编纂和出版上几乎垄断的地位。至十九世纪末，随着中国民营出版的萌发，尤其是商务印书馆的成立，国人编纂出版的英汉双语辞书开始崭露头角。

商务印书馆1897年创办于上海。作为最早被迫开放通商的口岸之一，上海长期接触西方的理念与精神。这里江浙传统文化与西方的文明相互交汇，形成了独特的风貌。这里的民众不仅对新事物适应性强，而且乐于接受新事物、新知识。商务印书馆的几位创办者，对于时代的变化和市场的需求有着敏锐的嗅觉。从创办之初，商务印书馆就表现出了对新兴读者市场的重视和对其英语学习需求的准确判断。

商务印书馆的第一部出版物是《华英初阶》。它原本是英国人编给印度人使用的英语学习初级教材，也是当时流通最广的英文课本。虽然该书具备现代教科书循序渐进的特点，但因是全英文写作，没有任何中文批注，给初学者带来了诸多不便。商务印书馆的创办者夏瑞芳敏锐地意识到这本书的价值，于是委托谢洪赉牧师将这本书逐课翻译，并加以白话注解。1898 年，出版了汉英对照版《华英初阶》，“行销极广，利市三倍”（商务印书馆 120 年大事记编写组，2017：5）。这部书因此也成为商务印书馆的“图腾”，它的成功给予了创办人极大的信心。它不仅使商务印书馆在出版界和英语教育界崭露头角，也在文化领域奠定了自己独特的出版地位（邹振环，2005）。

对新兴的中国读者群的把握，使商务印书馆抓住了时代发展的机遇，掌握了发展的先机。英语教科书、译书以及英语工具书是商务印书馆最初也是最主要的出版内容。随着英语相关书籍出版规模的扩大，商务印书馆又成立了编译所，旗下设有专门的“华英字典部”。从立馆到民国成立前的十五年间，商务印书馆一共出版了十六部英汉词典，平均每年一部，是当时其他出版社所望尘莫及的。这些词典中，既有小型辞典，又有中大型辞典；既有针对释义的双语语文词典，又有针对习语和用法的专门辞典，可谓包罗万象、品类繁多。颜惠庆《英华大辞典》正是在时任商务印书馆编译所所长张元济的推动下诞生的。

2. 主编与编者

晚清时期，双语词典的编纂已经不再像是马礼逊时期那样以一人之力或少数几个人的力量来编写了，而是形成了一个庞大的词典编纂团队。团队的成立能够进一步弱化个人语言风格和情感态度对译词的影响，使得词典中出现的音译外来词更具有客观性和权威性。

古今中外，双语词典的编纂者都是精通双语的专家。尤其是在晚清，英语教育还只是少数人的“特权”，出版社需要选择精通双语的权威人士来编纂词典，以保证文本信息的准确性和广博性。颜惠庆之所以成为《英华大辞典》的主编得益于他的教育经历和编纂经验。颜惠庆出生在上海虹口的一个传教士家庭，父亲颜永京是圣公会教士，母亲曾在上海最早的教会女校裨文女塾受业（陈雁，2015：9）。由于家庭的影响，颜惠庆很早就接触到了英语。他在英华学塾上学一年后，老师就表示已经无法再教他什么了。于是，他又转入上海同文书院继续学习，接触了许多原版的外文书籍。尽管他比同班同学都要小，但其语言能力毫不逊色，不久同文书院的老师也表示没有更多适合的教材供他学习。十九岁时颜惠庆便搭乘邮轮转道英国，然后前往美国留学深造。他在亚历山大市圣公会中学学习一年半后，以优异的成绩毕业并获得了英文写作和辩论金质奖章以及全能优异奖。1897 年，他考入弗吉尼亚大学文学部。1900 年 6 月，颜惠庆获得弗吉尼亚大学文学学士学位，成为毕业于该校的第一位中国学生。同年 8 月，他回到中国，成为圣约翰大学的一位教师。在六年的执教生涯中，颜惠庆主要从事英语教学工作。他的美国同事对颜惠庆的英语能力表示了认可，认为颜惠庆在英语语法和语言结构方面比他们“更精通”（颜惠庆，2005：50）。因其出色的英语能力，颜惠庆也常被邀请出席各类会议、盛宴与社交活动，为知名人士和美国贵宾担任译员。颜惠庆出色的语言能力得到了商务印书馆时任领导们的认可。1902 年，商务印书馆出版了由他编写的英汉互译教材《华英翻译捷诀》，后又邀请他参与增订《重订商务书馆华英字典》。1905 年，商务印书馆再次邀请颜惠庆主持编纂一部具有百科性质的英汉词典，即后来的《英华大辞典》。

词典的编纂，尤其是百科性质词典的双语词典编纂，是一项浩大的工程，难以靠一人之力完成。颜惠庆的词典编纂团队阵容十分庞大，包括十二位上海圣约翰书院的毕业生以及四位香港皇仁书院的毕业生。这其中有许多人都生平不凡：周诒春曾在美国耶鲁大学留学，参与创建北京清华学堂并连续四年担任校长，确定了清华大学“自强不息、厚德载物”的校训。严鹤龄曾赴美国哥伦比亚大学深造，获得法学硕士和哲学博士学位，并于 1920 年和 1928 年两次担任清华校长。曹庆五曾在耶鲁大学和伦敦大学留学深造，并在 1922 年出任清华大学校长。徐善祥在美国耶鲁大学获得化学博士学位。俞庆恩在上海圣约翰书院获得医学博士学位并在美国宾夕法尼亚大学获得公共卫生学博士学位，是中华医学会的创始人之一。上海圣约翰大学的英语教学在中国起步较早且教学质量高，香港皇仁书院也是香港的一所顶尖中学，这两所学校的毕业生的双语能力都比较过硬。无论是主编还是编者，《英华大辞典》编纂团队的成员都有着良好的语言能力和文化素养，从客观条件上保障了词典编纂的可靠性和权威性。

3. 编纂特点

(1) 总体结构

词典的总体结构包括词典的前、后附页，词典正文及其版式装帧。十九世纪传教士编纂的英汉词典已基本具备这四大组成部分。词典前附页大多为编者或他人所做之序，有些词典则附有 orthography 一项，对所用的汉字注音符号以及汉字发音进行解释。传教士词典前、后附页的安排也再次体现了编纂者的西方读者观。

中国传统辞书一般没有后附页，前附页通常也是空缺，受这一传统影响，早期国人编纂的英汉词典总体结构也不完善。相比之下，《英华大辞典》的结构和形式特点非常突出，其前附页有四篇序，分别是严复、卜舫济（F. L. Hawks Pott）、编者和颜惠庆所作。严复与颜惠庆所作序言为汉语，卜舫济和编者序为英语。四篇序之后是颜惠庆所作“例言八则”，说明了编纂此部辞典的初衷和编纂过程中的问题。他在其中特别提到了翻译外来名词的难处：“凡泰西所有天文舆地诸子百家。暨种种美术。靡不包举无遗。而我华科学。尚属幼稚时代。一切名辞。未经审定者强半……科学名辞。译既不易。而普通字语。更有穷思极想。终乏谛当之说。足与发明者。”（颜惠庆，1908）同时他也表示随着科学与普通智知的增长，辞典也有待后贤为之增益纠举。

在序言和例言之后，《英华大辞典》有一“略字解”，对辞典中的缩略标记予以说明。这些标记有两类，一类是学科标记包括建筑、算学、天文、植物、医学、哲学等共计六十五类，这类标记在以前的英汉词典中未曾出现过，是《英华大辞典》做出的一种尝试。“略字解”中第二类是民族国家标记，共计二十五个，表示该词汇是某国家或民族特有的事物或概念。“略字解”之后是“编中所用文法之略字表”，对英语词汇的词性进行了简单介绍，并对其缩写形式进行了说明。

辞典后附页部分首先是“英文引用外邦字语解”，记录了英语中来源于其他语言的短语、习语、格言等，并附以汉语译文。然后是异于前附页的“略字解”，按字母顺序列出了英语单词的简写。之后有两页的“记号汇释”，说明辞典中使用的数学、商用以及文语记号。最后两类附录是“英华地名录”以及长达 138 页的“人名字汇”，可以看作两类专名表。

不过人名表并未音译外国人名，只是增补了国别、职业等信息，可以看作人物的生平介绍。

从词典的总体结构来看，《英华大辞典》的结构完整、内容丰富。在前附页对词典编纂和体例等问题进行了相关说明，在后附页又增补了许多社会文化相关的信息。这不仅能使用户更好地使用词典，还起到了类似“百科全书”的作用。结构完整、内容丰富是《英华大辞典》在总体结构上最突出的特点。

（2）宏观结构

词典的宏观结构包括词典的收词、释义、词条编排和专栏设置等多个方面的内容。《英华大辞典》在宏观结构上有以下几个特点：

第一，词典收词量大。词典按照收词量多少可以分为小型词典、中型词典和大型词典三类。小型词典的收词量通常在十万以下，中型词典约十至二十五万，大型词典一般在二十五万以上。在颜惠庆之前的英汉词典，一般规模较小：马礼逊《英华字典》收录英语词目七千余条；卫三畏《英华韵府历阶段》和麦都思《英华字典》均收录一万余条；罗存德《英华字典》收录五万余条；邝其照《华英字典集成》收录一万两千余条。这些词典均属于小型词典。《英华大辞典》则收录十二万①余条，是中型英汉双语词典。

第二，新词新语收录丰富。在西学东渐以及通商口岸开放的共同作用下，晚清社会经历着汉语外来词史上的第二次高潮。颜惠庆作为词典的主编也深刻认识到了这一点：

> 溯字典之辑。远则一二十载。近亦三四五年。西学之探索日精。字典之程度日上。故先所摭拾。类多巷语街谈。暨市间贸易之套词。国际咨移之公牍。势不能尽出于雅驯。今者文明类多输入。凡泰西之科学美术。博取兼收。推而彼之新思想新名辞。散见于我华文字者。尤比比皆是。（颜惠庆，1908）

在这种社会背景下，词典编纂也需要与时俱进。与同期词典相比，《英华大辞典》不仅整体收词量大，新词的收词量也大，为后世专业名词的翻译以及词汇研究提供了素材。

① https：//mhdb. mh. sinica. edu. tw/dictionary/intro. php？ book＝18，最后检索日期为 2022 年 9 月 27 日。

第三，词语释义更加丰富。在双语词典发展早期，由于外语教育并不普及，能够掌握外语的只是一小部分接受过双语教育的知识分子。普通民众的外语需求比较有限，通常也只需要弄清楚某个外语单词在汉语里相应的意思，达到理解的效果就可以了。因此，早期的双语词典往往致力于原语与译语词汇单位基本的语义对应（魏向清，2005：93），寻找对等词是其主要目的。因此，晚清的主要英汉词典大多没有对词语进行释义，严格意义上看，这类词典只能算作是词表。《英华大辞典》在这一方面有所进步，它所收录的英语单词都有英语源语的释义，但并不是所有英语单词也都有汉语释义，例如 horse 一词，英语的释义为 a well-known quadruped of the genus Equus，但是汉语仅以“马”一字列出。但总体上说，《英华大辞典》已经开始具有词典释义的意识，是双语词典发展的一大进步。

（3）微观结构

词典的微观结构以词条为焦点，涵盖音节、例证、对应词、插图、语法、惯用法、语用、词源等各类信息。在微观结构上，《英华大辞典》也有比较突出的特色：

第一，词条信息完备，学习功能扩大。由于该辞典诞生在国人学习英语热情高涨的背景之下，《英华大辞典》更具有学习型词典的编纂倾向。在语音层面，传统的传教士词典中相关信息近乎为零，因为西方人可以根据单词的拼写自然拼读。但是中国人作为外国学习者，很少能与英语母语者的英语本能相比，因此他们也更加希望词典能把发音注得明白（陈永培，1983：30-35）。晚清时，国际音标还未诞生，但是英语单语语文词典已经认识到语音信息的重要性，采取了分词注音的做法。《英华大辞典》继承了这一做法，它将单词以读音的方式拼写出来，虽然与现在通行的音标有明显区别，也不是一符一音，但是已经能够体现单词的音质、音位等信息，并以连字符区分不同音节，在音节后添加重音符号表示单词重音（如 lament 注音为 la-ment'，horny 注音为 hor'-ne），为学习者快速掌握单词读音带来便利。

语法层面，《英华大辞典》的标注也更为完善。中国传统的语言学中并没有“词性”或“词类”的观点，而英语是一种更加注重形式的语言，学习者要想构建语法正确的英语句子，必须充分掌握相关的语法信息。颜惠庆《英华大辞典》在这一点上做得尤为细致。在大类上，它以 n、v、 a 等字母标记名词、动词、形容词；在名词中，又以 n. pl. 的方式标记集合名词和复数形式；在动词中，以 v. i. 和 v. t. 标记及物性；汉语释义以“-的”标记形容词，以“-式”、“-之状”标记副词，这样的做法更便于读者掌握词汇的语法性质。同形词在该辞典中也分离出来，如“record”有读音不同的动词和名词两种用法。马礼逊、卫三畏、罗存德和卢公明词典虽都包含这两种用法，但都未注明词性，使用者需要逐条看完义项或例句才能把握单词的语法特性，而《英华大辞典》分立两词条且标明词性，更加简洁明了。

第二，专业术语标识清晰。除了词汇的语言信息外，《英华大辞典》还对专业术语进行标记分类，例如 category 一词第二、三个义项分别用（Philo.）和（Logic）对词的专名身份进行标记。这也体现出了《英华大辞典》“群书总汇”“具体而微之百科全书”（颜惠庆，1908）的定位。

第三，辞典参考借鉴大量资料，汉语译词有一定的承继性和权威性。在外来词汇输入的过程中，首先要解决的就是指称的问题，即如何用人们所熟悉的汉字指称陌生的西方概念，填补词汇缺位。用什么样的汉语词填补缺位，在最初往往是主观的，传教士和熟悉西文的中国知识分子的译法各异，导致晚清时期异名同实的现象非常突出，新词与新词之间的竞争也异常激烈。双语词典作为一种工具书，为人们学习外语和翻译提供重要的参考。它的词目译文是在反复斟酌的过程中最终确定的，同时也代表社会意志建立并规范的两种语言之间的对等关系（胡开宝，2005：52）。因此，英汉词典与词典之间以及词典和其他文本之间往往会呈现广泛的互文性。晚清英汉词典的编纂者面对着大量新词和译名的问题，常会吸收、借鉴现有词典的译法或例句，使得一些译名在词典中以权威文本的形式得以传承。笔者以意大利学者马西尼所编《十九世纪文献中的新词词表》（马西尼，1997）为基础，以回溯的方式粗略统计了一下颜惠庆《英华大辞典》对传教士词典外来词译词的借鉴传承情况。除去异名同实以及英文单词词典未收录的情况，一共找到了 161 个汉语新词及其对应的英语词，在《英华大辞典》中有 73 个词条的译法与传教士词典中的完全一致。这从一定程度上也说明了相关外来词在当时的接受情况。

第四，辞典例证丰富、语言简练、书面语特点明显。相较于之前的双语词典及其蓝本词典，《英华大辞典》在例证方面更为充实，例如在蓝本词典中，动词短语 take in 的第二个义项只有简短的解释：to comprise。但在《英华大辞典》中增加了一个例句及译文："the love of our country takes in our families, friends, &c 本国之爱包括家眷朋友云云。"辞典中例子的选择以宗教、政治、学术等领域居多，语言较正式、书面，如"he put no trust in his servants/其臣仆亦不信任""I will raise forts against thee/我必筑垒建台环攻斯城""we often admire the politeness of men whose morality we question/其礼貌可钦羡而其道德不能无疑"。这种语言风格也符合辞典用户的定位。

第五，《英华大辞典》采用了插图这种直观的视觉化方法辅助释义。插图不仅能够表达出文字释义无法解释清楚的意义，还能使词典版式更加丰富生动（陈伟、张柏然，2007：35-44）。传统的英语单语词典插图并不多，直到二十世纪各类英语词典才开始大量地使用插图。晚清的传教士词典，一方面受限于词典发展本身的阶段，一方面又因为其大多关注于语言文字本身，故而少有插图说明。而《英华大辞典》更注重词典的实用性和知识性，借鉴吸收了当时西方先进词典的做法，添加了不少插图（见图 1-1）。词典的插图不仅通过直观的方式介绍了外语词所表达的形貌特征，使读者更清楚地理解相关概念的区别与联系，而且扩充了词典的信息容量和读者视野，同时使词典更加美观、增强吸引力和趣味性（贾敏，敬栋，1983，19-25）。

图 1-1

以首字母 A 的词条为例，《英华大辞典》中有 28 幅图，这些插图既包括动植物图（如鹳、龙舌兰、鳄鱼等）和实用器具图（如两耳瓶、浑天仪、螺旋升水器等），又包括宗教图（如羔羊象图、圣像光轮图）和神话图（如负球巨人图），类型多样，满足了读者了解外来新鲜事物的阅读心理，刺激了其阅读欲望。虽然这些插图大多是单幅的木刻插图，从现代的美学的角度来看，线条较为粗糙，形象也不够逼真（冯春波，2007：7），但从历史的客观的角度而言，采用这种视觉化的做法对当时的中国词典编纂而言是具有开创性意义的。更值得一提的是，颜惠庆《英华大辞典》还附有鸟类图、勋章图、常见花草图、各国国旗图等彩色插图，色彩鲜艳，形象逼真，制作得非常精美。这些彩色插图将词典的艺术水平提升到了新的高度，也为以后出版的词典起到了很好的示范作用。

三、语料筛选与词库搭建

本书对颜惠庆《英华大辞典》中英源音译外来词的封闭式研究，语料筛选与词库搭建是研究的第一步。对于在辞典中出现的音译外来词，首先要对其语源和引入时间进行甄别。在前期语料筛选的过程中主要参考了两类资料：

1. 同时期英汉双语辞书，包括（按时间顺序排列）：

（1）Morrison, Robert. *A Dictionary of the Chinese Language in Three Parts. Part The Third, English and Chinese* [M]. Macau: The Honorable East India Company's Press, 1822.

（2）Williams, S. W. *An English and Chinese Vocabulary, in the Court Dialect* [M]. Macao: Office of Chinese Repository, 1844.

（3）Medhurst, W. H. *English and Chinese Dictionary* [M]. Shanghae: the Mission Press, 1847.

（4）Lobscheid, Wilhelm. *English and Chinese Dictionary with the Punti and Mandarin Pronunciation* [M]. Hong Kong: The Daily Press Office, 1866.

（5）邝其照．字典集成［M］．香港：循环日报，1899.

2. 现代出版的外来词词典，包括（按时间顺序排列）：

（1）刘正埮，高名凯，麦永干，史有为．汉语外来词词典［M］．上海：上海辞书出版社，1984.

（2）岑麒祥．汉语外来语词典［M］．北京：商务印书馆，1990.

（3）马西尼．现代汉语词汇的形成：十九世纪汉语外来词研究［M］．上海：汉语大词典出版社，1997.

（4）香港中国语文学会．近现代汉语新词词源词典［M］．北京：汉语大词典出版社，2001.

（5）黄河清．近现代辞源［M］．上海：上海辞书出版社，2010.

（6）史有为．新华外来词词典［M］．北京：商务印书馆，2019.

同时期的英汉双语词典能够帮助勾勒音译外来词引入的时间轴线，

并为词汇的共时研究提供语料。外来词词典则为音译外来词提供了晚清的例句和佐证，同时也提供了词源信息，特别是 2019 年出版的《新华外来词词典》对部分词源重新考察并补正了一些疏漏，词源信息更为精准，对本书音译外来词的词源判定帮助颇多。经筛选后，《英华大辞典》中共有 426 个英源音译外来词进入本研究视野。

除词典外，本书还利用自然语料数据库来考察词汇的使用和演化。近代语料主要利用上海图书馆全国报刊索引中的晚清、民国期刊全文数据库，大成故纸堆数据库以及中央研究院近代史研究所的近代史数位资料库。现代语料使用北京大学中国语言学研究中心 CCL 语料库以及北京语言大学 BCC 现代汉语语料库。同时，使用《现代汉语大词典》、《牛津高阶英汉双解词典》（第九版）以及陆谷孙主编的《英汉大词典》等工具书作为辅助参考资料。

第三节　相关研究现状与存在的问题

一、音译外来词的语言学研究

（一）语音研究

音译词的语音问题很早就受到了学界的关注。《五四以来汉语书面语言的变迁和发展》就已经注意到了音译词不固定的现象。书中指出外语音译有一个改造的过程。改造时，有的人把某一个音“删去了”，有的人却“录了出来”；译出的音和使用的汉字也难完全相同。再者，汉语方音复杂，以粤语、闽语、吴语译的同用北京音译的就会有很大的出入，况且还有直接从原文译与从他国文字转译的区别，这些都导致音译词“极不统一极不固定”的现象（北京师范学院中文系汉语教研组，1959：90）。不过，它并没有对音译词的语音问题进行更为深入的探讨。

高名凯和刘正琰共同撰写的《现代汉语外来词研究》首次对音译外来词的语音借入规律进行了探讨。书中考察了 119 个英源音译外来词与英语词语音之间的对应关系，总结出了十九条规律。其中，第一条规律有关英语重音，二至十六条是辅音规律，十七、十八条是元音规律，最后一条与音节有关。他们的研究提供了音译外来词研究的新角度，也观察到了清浊辅音与送气音的对应、辅音增音、元音情况的复杂性等现象。

不过书中所涉及的音译词数量并不多，在总结规律时也只是说明英语的某一个音可能会对应汉语中的哪几个音，并没有分析其倾向性，在系统性和科学性上还有些不足。

在二十世纪八九十年代，也有学者对外来词的语音问题进行了讨论。王珏（1993）的《汉语对外来词的语音驯化》一文以“语音驯化”的观点从删音、增音、近音对译和谐音对译四个方面讨论外来语音在汉语中的表现，并表示谐音对译是一种以“积极态度”为主的语音驯化手段。张培华（1998）《关于外来词音译准确性的几个问题》从翻译的角度指出了当时音译词在重音、上声字、长短音、单双音、纯辅音的汉译上存在的问题。刘丹青、石汝杰（1993）以及赵宏、郭萍（1993）等人的文章对于音译词的语音问题也有所涉及。不过大部分研究还是以直观观察为主，没有系统性的语料支持，对规律的把握也比较宽泛。

二十一世纪有关音译外来词语音的研究迈上新的台阶，更加科学，这主要得益于国外语音学、音系学、借词音系学以及优选论等理论的发展。潘炳信（2000）从音位学角度出发对音译词进行了分析。在音位层面上，他认为英汉部分音位“无大差别”可以替换；有些音位，例如塞音，在英汉两种语言中只有一组区别性特征不同，音译时有一定的对应性；有些音位是英语特有的，汉语中倾向于选择区别性特征相差不太大的音位来音译。在音节层面上，他认为单音节增音的元音需要与辅音有一些“共有特征”（比如发音位置相近），部分汉语的 VC_2 音节结构可以对应英语的 VC 结构。多音节的情况更为复杂，有八条规则。虽然他仅讨论了专有名词的译名情况，但其论述的理论基础扎实且具有一定类推性。除传统的语音学和音位学外，优选论在国内的发展也影响了音译词的语音研究。它认为人的语言机制包括生成机制和筛选机制，前者根据输入形式负责生成输出的候选项，后者根据制约条件对候选项进行筛选从而找到最佳的输出形式。优选论在方言语音比较和英汉语音对比中都有较强的解释力。在音译研究方面，陈乾峰（2008）从优选论的角度系统性地解释了音译时出现的增音现象，并从语音感知图示理论说明了辅音同化、元音和谐以及默认元音插入这三种主要增音方式产生的原因、制约因素以及优先顺序，对增音现象的说明比较深入。但不足的是，他所使用的语料是外国音译人名，这些规律是否适用于普通名词或专业名称的音译仍未可知。张吉生（2003）运用优选论分析了汉语产生音译外来词的普遍性制约条件及其等级序列，并于2006年在前文的基础上再次撰文详细论述了汉语音节结构的模式并重新完善序列规则。王晓培（2010）则是从优选论的角度对汉语音译词的辅音音系调整问题进行了研究。这些研究从不同角度对英源音译外来词的语音研究有所深化。

李健（2011）、谢丰帆（2014）等学者从理论层面介绍西方近年来兴起的借词音系学，阐述了其主要模式和对传统理论的补充与挑战。于辉则是结合了借词音系学和优选论，以《现代汉语词典》中收录的音译词为词库，对英源借词进行了较为翔实的统计和分析。自2011年开始起，她发表了数篇有关英语音位借入的文章，并于2014年出版了《汉语借词音系学——英源借词的语音和音系分析》一书。她讨论了辅音、元音借入以及超音段的韵律问题，对每个音位都以统计为基础勾勒出了单个音位的借入倾向。她指出词汇的语音借用是语音、音系以及知觉共同作用的结果；词汇的语音借用模式在整体上具有系统性，辅音较之元音的借用更具规律性，轻重音等超音段因素在汉语中也有一定体现。但是语音的借用也是一个非常复杂的过程，拼写法、方言音系和汉字语义等多种因素都可能造成例外情况的产生。她的研究材料比较充分，对于音位的分析和借入规律的观察也比较到位，可以说是比较系统的音译词语音研究专著。但是，在词源的考证上面还是有些疏漏，收录了一些借用日语音译词的外来词；同时，在词汇统计时还收录了受语义影响比较大的商标名，可能会对音位的观察造成一定影响。除上述文章与专著外，还有杨锡彭（2007）、韩淑红（2012）、赵杰（2013）、宋学东与韩力（2013）、李海燕（2018）等学者对音译词的语音问题进行过探讨，但是很多还是以观察为主，缺乏系统性的语料收集。

（二）文字研究

相较于语音研究，音译词的文字研究起步较晚且成果不如前者丰富。杨锡彭（2007）在《汉语外来词研究》中从文字使用的符号层面讨论了音译词的特点。他指出汉字字符既有音符，也有意符。汉字的声旁是音符，主要起表音作用；汉字的形旁表示意义类属，而人们借助形旁辨识汉字意义的习惯影响着音译用字的过程（杨锡彭，2007：58-60）。同时，在音译字的选择上也存在趋易避难、避秽求吉的现象。龚雪梅（2006）从文字学的视角揭示了音译字“假借”的本质特点，认为音译的用字有“汉化”的倾向并给出了文字学的理据。不过她也承认音译字的汉化动因并非纯一，常常是各种因素交织作用产生的结果。刘祥清（2014）认为音译的用字选择受到汉语和传统文化二者共同制约。汉语天生“标音不足”，强调表意性，加之人们在汉字的认知上有一种集体的无意识的“因形见义”的要求，所以有时会出现语义联想优于语音准确的选择。对于汉语和传统文化如何影响音译的用字选择，他并没有给予解释说明。周有斌（2009）则认为音译词的选字受三条原则的制约：一致性原则、简单性原则以及文明性原则。在三条原则中，一致性原则是高于其他两条原则的首要原则。朱桂花、刘祥清（2016）将选字原则归纳为四条：名从主人、使用常用字、避免误读和约定俗成。从内容上看比前者有所扩充，但是对于各原则之间的关系没有具体说明。除了对音译用字的一般性论述外，还有一些学者对不同领域的音译用字有所关注，阳琼（2017）从谐音借用、形象联想、偏旁部首、音义密合以及声调音律五个方面对科技术语中的音译用字进行讨论，认为选字应从读音入手，同时考虑语义和字形，最终实现用字读音准确、简明通俗、书写简便。不过，从总体原则上来看，和其他音译词的差别并不明显。

文化对于用字的选择也有较大影响。杨锡彭以地名为例，指出汉语中的地名本来就比较注重避污秽和忌讳。在音译地名时，这种文化心理也推动了一些地名的更替，比如 Kuala Terengannu 就由原来的“瓜拉丁加奴”改为“瓜拉登嘉楼”（杨锡彭，2007：68）。此外，文化也是有地域性和民族性的，不同的社会习俗和文化背景使人们对于同一汉字的接受度是不一样的。例如马来西亚虽然也使用汉语，但是由于它是一个多民族多文化的国家，在音译用字时并不如中国人一样那么讲究字面的意义。因此，也就不难理解为什么该国的汉语音译词中有“呸”“巫”等字面意义并不太好的字。

除了音译用字选择的动因和原则之外，还有不少学者从语言规范的视角对音译的文字选择进行了讨论。周有光（2003）很早就提出了要统一音译用字的问题。吕永进、郑承萍（2004）观察到在外来人名和地名的翻译中，汉字的应用存在较大问题，比如选字不当导致的读音不准、不同语音使用同一汉字、同一语音用不同汉字等。在音译字的应用上，需要以普通话作为选字标准，以常用字为选字的主体范围。他们的文章对音译用字的问题描述得非常详尽，但是因以人名、地名等专名为主，不能完全适用于所有音译词。像文中所提出的“不考虑语义信息”这一条对于普通名词来说并不是一条普遍规则。杨华、蒋可心（1995）在讨论外来词规范化的问题时，建议在汉字与外语源词音标之间建立起相对固定的对应关系，确定汉语和不同语言之间存在语音对应关系的“译音字”。李申、荣景（2012）认为音译的用字应该选择与源词语音最近似的汉字，同时这些汉字的书写形式应尽可能简便并且排除掉低俗化和不文雅的现象。田永弘（2016）也有类似观点，认为要解决音译字的规范问题，需要引入更多的“参数”，以便找到约定俗成的对音用字。

此外，音译用字的修辞效果也得到了学者们的注意。吴礼权（1993）针对不同类型的音译词讨论了其艺术效果。他认为音义密合型的音译词能够鲜明地体现汉语的同化倾向，选字独具匠心，富有艺术表现力；形象联想型的音译词选用形象字眼，引发联想、形象生动；广告口彩型的音译词选字时迎合消费者心理，极富有表现力和广告效应；幽默诙谐型音译词选用与原词指称意义反差较大的汉字，或讽刺挖苦，或引人发笑，妙趣横生。刘丽华、刘祥清（2015）认为汉语中同音字较多，汉字的字形、字义以及褒贬色彩都会影响最终的选字，从而呈现出不同的修辞效果。汉字形成的双声、叠韵或语音重复都能实现语音的美感；谐音的汉字能够起到幽默或讽刺的效果；音译词本身也能体现神秘感和异国情调。不过，音译词的修辞效果并不是所有音译词的共同特点，对词汇的描写也是以零散的观察为主，有些修辞功能的阐述并不十分恰当，例如纯音译词的“权宜暂用”以及“经济实用”严格说来并不能算作修辞的功能。

（三）语义研究

外来词的语义研究是学者们比较感兴趣的一个领域。冯天瑜、沈国威、内田庆市等中外学者结合历史的角度从历史文化语义学讨论了许多意译词的语义演变问题。这一领域的成果丰硕，讨论的词汇包括封建、科学、经济、金融、形而上学等各类学科概念和思想文化概念。音译词由于“音”的部分更为突出，对于“义”的讨论不如意译词热烈，深度和广度都受到一定限制。

在音译外来词的词义研究方面，潘文国（1996）从古汉语和现代汉语的词义研究层次入手，指出古汉语的词义系统是一种“字本位”的系统，而现代汉语种大多采用“词本位”的词义研究方法。“字本位”的方法对于现代汉语的词义研究也非常重要。汉语中有些汉字有“假借义”，而音译字就是产生“假借义”的一种情况。有些表示普通名词的外来词中的音译字开始取得了一定的独立性，可以单独使用或产生新的语素义，例如“吧”“涤”“卡”等。他从字义入手，讨论了音译词中的“语素化”问题。但是，这篇文章中仅是列举了一些可能出现语素化的汉字及其意义，并没有对语素化形成的原因、条件或过程展开论述。周洪波（1995）、苏新春（2003）、刘晓梅（2005）、朱一凡（2011）、孙道功（2007；2018）等人的文章从形成机制、制约参数等角度对“语素化”这一问题进行了更为深入的讨论。不过，大部分出现“语素化”的成分是在二十一世纪前后形成的，因此他们讨论的音译词主要以“粉丝”等汉语新词为主。

更多的学者是从词的层面讨论音译词的语义问题。卢卓群（1998）注意到有些音译词在进入汉语后语义出现了一定程度的质变。例如“巴士”“沙发”等词的词义有所扩大，出现转指性蜕变；“拜拜”在使用中产生了新义，发生申发性词义蜕变；谐音词则产生了谐义性蜕变。在汉语的使用中，对这些外来词应该有所规范。何干俊（2012）也注意到了音译词语义的转变。他认为外来词在进入汉语后很少能够实现完全的词义等值；许多外来词在语义推动机制的影响下会缩略指称概念的内涵、扩大语义外延并通过使用和联想产生新的语义。同时，旧的语义特征并不会消失，而是两者共存形成新的语义系统。这些文章对于音译词的语义转变都有一定的观察，但还停留在表层现象的观察，没有深入。

除了语义的转变之外，语义的增值也是音译词语义问题中讨论较多的一个方面。李玄玉（2003）注意到汉语音译外来词中有时能够通过汉字形体的意义赋予原词并不具有的意义，并将这种方法称为“增义音译法”。他在文中列举了大量的例子，既包括英译汉，又包括汉译英。不过由于其选例集中于品牌名称，所得出的结论并不能完全适用于汉语中所有的音译外来词。潘文国（2000）也注意到了音译词中的语义增值现象，并将其称为“义溢出”。他对一般词语的音译词、人名地名和商标音译的“义溢出”分别进行了讨论。在一般词语的音译中，“义溢出”的情况又分为音译新义、方言色彩、连读联想等十三种不同的类型。人名地名的音译中主要有姓名义、性别义和褒贬义的溢出。商标音译的义溢出可以根据与商品关系以及其联想义分为四类。这篇文章对于音译词语义增值的情况划分得更为细致，也观察到了一些新的现象，不过对一般词语的划分并不十分准确，有的类型还可再商榷。

鲍文（2007）在讨论音译外来词的增值现象时，也谈到了语义的增值。除纯音译词外，其他各类音译词与语义之间都发生了一定的纠缠。“音译补义”是在汉字中补充了一个原词所隐含的语义，例如 ballet/芭蕾舞。“音译寓义”是在模拟发音的同时巧妙地选用汉字诱发与原词相同的负载意义，以实现“音义合璧”，例如 punk/彷客。“音译增义”则是通过选字诱发“言外之意”，使读者产生额外的联想，例如 bowling/保龄。因此它出现了意义的增值，与其他形式有本质的区别。潘先军（2007）的关注范围进一步缩小，聚焦于音译加标类词汇。他认为在音译加标词中实际也存在两种不同的情况。一类的“标”是外来词的固有成分，而另一类的原词中并没有对应成分。这两类词底层的构词方式和使用情况都不相同，后者存在语义的羡余成分。这也是汉语同化外来成分的一种形式标记。这种语义标的生成受到了汉语规律、使用习惯以及汉字语义等各种因素的制约，同时也具有一定的衍生性。张美景（2004）从外来词语言二重性的特点出发进行了解释。她认为外来词同时具有源语和目标语两种不同语言的特征，而英汉语言的认知心理差异比较大。英语的构词大多是非复合的方式，而汉语则倾向于从分析或分解的角度去认知。这种差异导致了汉语会不自觉地抵抗音译词这种“零内部形式”的外来词，并通过附会、羡余或保留等不同形式改造原有音译词使其更具表意性，更好地融入汉语。

除语义的增值之外，音译词也有减值或转移等其他现象。杨锡彭以“汉化”为关键词对外来词的语义进行了讨论。在词义缩减、词义扩大、独立成词和附加色彩的变化这四个方面都有不少音译词的用例。从用字的角度来看，还可以发现音译词出现语义虚化和重新分析的现象。同时，汉化的过程也可能伴生外来词与汉语原有词语的词义竞争，而借助汉语成分的词义渗透获得独立意义也是音译成分获得语义汉化的重要途径（杨锡彭，2007：208-216）。

总的来说，音译词语义问题的讨论并不像意译词那么丰富和热烈，主要集中在语素化、附加义等问题上。从词义的分类来看，大多是停留在词汇意义的讨论上，对于语法意义很少涉及。

二、音译外来词的文化与翻译研究

除了对音译外来词单纯的语言学研究外，也有不少学者从文化、历史、翻译、社会学等不同角度讨论音译外来词的问题。

从语言和文化的关系上看，语言是文化的载体，词汇的形成与使用与社会文化密不可分。普通的命名是同质文化的延续和继承，是通过“内化”和“外化”之后形成的本族思维成果的手段；而译名是异质文化碰撞的结果，是吸收和借鉴外族思维成果的手段（孟华，1992：19-22）。外来词的发展总是离不开社会和文化的发展。王铁昆（1993）观察到1979年至1988年的十年间进入汉语词汇系统的外来词比1949年至1978年这三十年还要多。汉语外来词的大量涌入与同时期文化传播日趋密切的背景密切相关。封建社会时期中国对外来文化一般采取“鄙视”和“排斥”的态度，在吸收外来词时比较审慎，外来词的绝对数量并不是很大（王铁昆，1993：35-40）。而进入改革开放的新时期后，中国由被迫开放转为主动开放，传统观念在不断更新，文化心态发生变化，这一切在语言上就表现为外来词质与量上的发展。科技、文艺、教育、体育、政治、经济、思想类的词汇都有大幅增长，与日常生活密切相关的外来词是增长最快也是最积极的部分。区域经济的发达程度也影响着外来词的丰富程度，许多外来词都是首先由广东、福建等开放程度较高的地区引入然后才进入汉语普通话。这一方面体现出人们对西方物质文明的渴求，另一方面也反映出一种趋新、求雅、尚异的社会心态。特别是一些已经淘汰的音译词“死灰复燃”以及字母词的出现，更反映出人们趋洋求异的心理（王铁昆，1993：35-40）。虽然文中只讨论了1979年至1988年这十年间外来词的发展状况，但对于外来词文化心理的讨论还是比较恰当的。

除了改革开放以后的外来词之外，也有学者关注讨论了近现代外来词与文化之间的关系。史有为在《外来词：异文化的使者》一书中，比较全面地讨论了外来词以及外来文化的问题。他认为外来词是文化融合的结果，同时也反映着文化间的冲突。高圣兵（2008）在其文章中就说道，近现代西方的文化是通过“翻译”的方式输入并存在于中国的，它的具体内容已经脱离原有的西方背景，是以一种“转态”的方式存在于中国文化里。五四运动前后外来词的大规模引入，是新文化运动对中国社会和文化转型影响的结果与表现，它与改革开放后外来词的涌入也有着内在联系。前者是后者的理论基础和语言学背景（高圣兵，2008：230-233，239）。外来词的引入对汉语形成了冲击，同时也受到汉语文化机制的制约。新时期出现的音译词数量的增多，不仅反映出中国思想上的转型，也体现了中国文化对异域文化的尊重，是对传统上认为汉语有“音译抗拒”本质的观念的反驳和挑战。

社会文化背景也会影响外来词的引入方式。明清以前汉语中就有不少外来词。李炳海通过汉代文史典籍的考察发现，当时对外来名物通常是使用音译与意译“重合叠加”的方法（李炳海，2015：49-57）。这种方法的采用与时代背景有密切的关系。汉代经学盛行，讲究章句之学和微言大义，受社会大环境影响，人们在名物词的处理中不满足于音译，而要加入译者的阐释和理解，形成音译与意译的重合叠加。晚清至五四运动前后是西方文明快速冲击中国文化的时期，大量的新概念新思想在短时间内涌入，一时间需要填补的空缺概念太多，所以可能先采用音译的方法作为权宜之计（贡贵训，2018：66-73），而这些词中有相当一部分逐渐被意译词取代。在网络新时代，人们的思想有一种“全球化的趋同”（傅福英、章梵，2016：248-251）。在全球化的语境下，不同文化在相互认同的同时，也需要保持各自的个性。汉语观念和词汇向外传播时，意译式的归化无疑可以避免文化差异导致的冲突，但也有不少学者主张以音译等异化方式彰显本民族的文化价值观。从汉语吸收外来词的历史来看，虽然外来文化对汉文化产生影响，但并未触及核心。汉化始终是主流方向，这是汉民族文化心理的“封闭性”“选择性”以及“适应性”带来的结果（陈榴，1990：44-48）。不过，虽然汉化是主流，但也出现了“反汉化”的现象。尤其是在新世纪后，这种表现更加强烈（王英姿，2006：4）。英语字母以文字形式直接参与汉语构词，形成字母词，外来词语义和词形之间的隔距扩大而非缩小，这正是民族文化心理发生变化的表现。音译词飞速增长，同样也是反汉化的表现。这不仅仅是经济全球化和网络媒体高速发展的结果，也是东西方权力关系不平衡以及全球范围内意义单向流动和文化殖民的结果（申连云，2009：100-103）。

外来词是文化冲突的承载者。外来词在发展中，经历了外来词和非外来词之间、不同类型外来词之间的语词冲突以及语词和非语词之间的冲突，冲突的结果就是词的汰选和变更（史有为，2016：120）。因此，单个外来词译介方式和词形的竞争选择也能透视出不同的文化心态。邹振环（2016）就专门针对“长颈鹿”曾出现的译名进行了细致的观察和讨论。明代出现了以汉语词“麒麟”对应索马里语长颈鹿“Giri”的做法，这不仅在翻译上是种诗意的表达，也是译者对皇权认可和翻译中“权力转移”的体现，但这种归化的做法，很难彰显原词承载的文化差异，容易引起误解，因此又出现了“恶那西约”“支列胡”“奇拉甫”“知拉夫”“及拉夫”等音译形式和“鹿豹”等意译形式。译名的竞逐体现了译者对中西不同文化资源的“引述、挪用和占有”（邹振环，2016：119-128），是为了争夺文化领地求生存的一场无声的战争。党静鹏以“粉丝”一词为中心，深入讨论了该音译词与意译词形在现代汉语中的竞争状况。音译词的取胜不仅有其语言学上的优势，同时也有粉丝文化兴起、互联网移动终端发展以及语言使用者“有意选择”等社会和心理因素的影响（党静鹏，2017：76-86）。张峻峰（2019）从语言的本质出发，认为音译产生于对异域文化中特有概念以及信息拓展认知的需求；音译词是否能在本族文化中获得生命力，取决于它是否是目的语中所需的信息传递制约手段，是否符合目的语俗例化信息制约以及推测手段的规范。

三、目前研究中存在的一些问题

通过对文献的梳理不难发现，虽然学界已经开始关注音译词的研究，但仍然存在一些问题：

第一，音译词研究关注度不够，数据科学性不足。虽然自二十世纪九十年代起就有学者撰文讨论音译词的问题，但是总体论文数量少于意译词，以音译词为关键词的专著更是凤毛麟角。大部分对于音译词的讨论仍然是归于“外来词”讨论的大语境之下。也就是说，音译词的讨论总是伴生意译词的讨论，是更为宏观的描述与分析，它还尚未被当成一个独立的领域进行研究。同时，在讨论音译问题时，很多学者并没有对汉语中的音译词进行过系统性统计，只是零散地选取了一些音译词予以论述，缺乏科学性。也有学者以《现代汉语词典》或是各类外来词词典中的音译词为研究对象，其样本选择更科学一些。但是需要指出的是，即便是现有词典中的外来词也需要甄别。尤其是在音译词的语音研究方面，需要区别其语源，像“浪漫”“绷带”这类借用日语音译词的汉语外来词，很容易被划归为英汉直接语言接触的结果。这必然会影响研究结果的准确性。

第二，音译词研究系统性不强，各方面不平衡。由于没有获得独立的地位，音译词的研究通常比较零散。在词汇的各个方面中，有关语音的讨论最多，其次是语义和文化相关的研究，对于语法、文字、词形的讨论则要少得多。对于音译词整体的描述和观察比较缺乏，大部分仅是对某一个方面进行了讨论。汉语词汇本就是一个音形义结合的整体，单个方面的研究虽能深化某一领域的认识，但是在词汇研究的整体性上还有所欠缺。

第三，音译词的历史研究不足，分期研究欠缺。在为数不多的音译词研究中，绝大部分是针对新时期兴起的音译词。人们更加关注在当下语言生活中更为活跃的音译词，对音译生成机制和制约因素多有论述。但是，对于历史上出现的音译词研究的兴趣并不大，也没有从词汇史的角度对其进行分期的观察和描写。那些湮灭在历史中的音译词是对历史和文化的记载，研究音译词的历史以及音译词的历时演变和竞争，可以深化对音译词出现时期的语言、社会、文化等方面的理解，也能从语言和词汇的变化中更加清晰地观察到社会与文化的变迁。

第四节　研究目的与意义

首先，横向深化汉语音译外来词词汇史研究。学界目前已经开展了一些有关外来词词汇史的研究，但数量不多。音译词史研究大多分散在外来词史研究之中，没有得到足够重视。本书聚焦音译词这一问题，通过汉外语言对比，从整体上考察了外语对汉语词汇系统的影响，勾画出音译外来词在晚清这一历史分卷上的特点和规律，为汉语外来词史的研究添砖加瓦。

其次，纵向厘清汉语吸收改造异质成分的特点与规律。外来词是语言中的异质成分，相较于意译词，音译外来词的异域性更为浓厚。汉语系统对异质成分总是有不断加工改造的过程，对于音译词而言，不论是语音、文字还是语义，在历时发展中都出现了不同程度的汉化。通过对比晚清时期和现代汉语中音译外来词的发展演变状况，本书进一步审视了音译词的发展规律，加深了对汉语吸收改造音译词的特点和规律的认识。

再次，探索外来词译介方式的互动与文化心态。外来词是异文化的使者。对外来事物和概念采用不同的翻译策略导致同一源词产生多种形式的汉语译名，即同源异形现象。晚清是中国接受外国文化的重要时期。通过对外来词译介方式的研究和晚清词典对音译词收录状况的考察，可以从侧面了解当时人们的文化心态。音译词与意译词在历时发展中的双向转化研究则有助于理解文化心态的发展历程。

第五节　研究方法

一、量化研究与质性研究相结合

在外来词的研究问题上，前人已经取得一些成果，但总体而言，质性研究居多，量化研究较少。量化研究通过定量的统计分析，以图表、数字等统计方法客观地描写语言事实，从而帮助语言研究者发现独特的语言现象。质性研究能够在定量分析的基础上，进行宏观考察和分析，进一步寻找语言现象背后潜在的规律或模式。目前在外来词的研究上，仅有个别研究者将二者结合起来。本书将量化研究与质性研究相结合，期望能够以客观语言数据为基础，寻找音译词汇发展的规律，全面展现语料价值。

二、静态描写与动态分析相结合

在词汇研究中，静态描写是动态分析的前提和基础，动态分析是静态描写的目的和归宿。本研究在语料的基础上，本着动静结合的原则，对晚清英源音译外来词音、形、义三个方面的特点进行客观翔实的描写，同时考察了在晚清同源音译词共时和历时的竞争问题，并对英源外来词译介方式的发展演变进行动态考察。

三、共时研究和历时研究相结合

语言的发展有共时的一面，也有历时的一面，两者不能割裂。本书首先将英源音译外来词封闭在晚清以前，力求对晚清英语英源音译词的发展和现状进行充分描写，客观地总结归纳其共时层面的特点。与此同时，关注其在历时发展中的演变，并与现代汉语中的英源音译词进行比较，研究其竞争机制和发展规律。

四、语言与文化相结合

语言与文化之间的关系密切，语言不能脱离于文化而独立存在，文化的传播也需要通过语言得以实现。词汇是文化交流中最显著的部分，音译词作为外来词的一种，是“异文化的使者”，它的出现，体现了当时科技发展和社会思潮的涌动，是变革时代最好的见证。在研究音译词时，必须坚持语言与文化相结合的方法。

第二章　音译思想与音译外来词的历史发展

第一节　明清以前的音译思想与音译外来词

一、先秦时期

语言的传播有口头和文字两条轨道。口语的发展总是早于书面语。考古研究的成果显示，早在五千多年前，中华大陆上的先民就已经开始了与外域的交往。这条交往的道路万里之长，从东亚到中亚南亚，再到西亚北非以及地中海区域（李裕，1997：51-58）。然而，中国最早的文字记载是距今三千多年前殷商时期的甲骨文。汉语史前时期是否就出现过语言接触现象很难进行考证。殷商之后的周朝，有了明确的外域交往的史实记载，也有了专门从事翻译工作的官员。《周礼·秋官司寇》中有“象胥”一职，并解释道“象胥掌蛮夷闽貉戎狄之国使。掌传王之言而谕说焉。以和亲之。若以时入宾。则协其礼与其辞言传之”。如文中所言，“象胥”主要负责和周边各国交往事宜，传达王的指令。如果有藩国使者到来，象胥则需要负责协调礼节和语言工作。藩国来使，一般都带有献给君王的礼物，其中有很多是当地的特产。这必然导致汉语中语义空缺的状况，需要通过一定的翻译形式予以填补，音译是可行的方式之一。孔子也肯定了音译的方式。《春秋·谷梁传》的桓公篇中记载了鲁桓公二年的四月，鲁国收受了宋国贿赂的一个大鼎，称为“郜大鼎”。在解释鼎的名称由来时，援引孔子的话：“名从主人，物从中国。”在襄公篇中解释稻的名称时，再次提到“号从中国，名从主人”的原则。从现在的角度来看，孔子提倡的就是专有名词要尊重其源语名，也就是采取音译这种“不译之译”或“零翻译”的方式，以避免产生混淆。这也是中国最早的关于音译的论述。

先秦是否存在音译的外来词？从理论上讲，一定是有的，但考证先秦时代的音译词又十分困难。其一，殷商时期文字记载的信息量并不多且甲骨文的辨认和考证仍有待解决。其二，先秦时代汉语语音异于现代。其三，古代外域的语言有些已经消失（如巴比伦语），今人仅能从其衍化的亲族语言进行推测。在译入和译出语均为推测的情况下，即便某些词从今天看来有语音的相似之处，也很难十分肯定地划上等号。但是，也正因年代久远、考证困难，先秦时期的音译词无论说有还是说无都很难，谁也不能从根本上否定对方的说法。从整个先秦的社会发展来看，华夏民族和中亚西亚民族的交往奠定了音译词产生的社会基础和词源基础。

二、秦汉时期

秦汉时期的对外交往逐渐频繁。秦始皇统一六国后，派出了两支军队对外征战，北上攻打匈奴，南下收复百越，不仅扩展了疆域，也增强了其对外影响力。这种军事扩张促进了中外交流，甚至影响到了中亚、西亚、东欧以及西欧对中国的了解和认同。现在指称中国的 China 有可能就是根据当时“秦”的字音传入西方语言的（史有为，2016：40）。不过，由于秦朝历史较短，尽管对外接触不少，却没有留下音译词的痕迹。

汉代的对外关系在汉武帝时期得到了空前发展。据史书记载，汉武帝为了联合被匈奴人从河西走廊赶走的大月氏共同抗击匈奴，派遣张骞出使西域。汉武帝时期发动了三次对匈奴的大规模作战，最终将西域各国纳入控制范围，西域诸国开始了每年派遣使臣的朝贡贸易。这场出于政治目的的出使活动以及随后发动的战争，意外地开辟了一条中西经济文化交往的丝绸之路。东汉时期，班超经营西域，后甘英出使大秦，进一步巩固了中原与西域的关系，促进了双方经济往来和文化交流。两汉时期的对外交往从民间转向官方，在或和平或武力的方式下蓬勃发展，终于在汉语的史料中留下了可以查证的音译外来词。

匈奴和西域各国是秦汉时期对外交流的重要对象，因此，音译外来词多源于匈奴语以及波斯语、伊兰语等西域语言。其中，最为典型的莫过于“胡”。胡，本义为牛脖子下的垂肉。西汉时期，“胡”开始用来指称匈奴，至魏晋南北朝，“胡”泛化为其他外域民族的通称。该义项并非由“胡”的本义演变而来，而是匈奴人用于自称的“匈”[①] 音译的结果。单音节的“胡”符合古汉语词汇多为单音节的特征，加之指称范围较广，成为古汉语中表示异域事物的较为能产的语素，并且一直使用至今。这一时期除“胡”以外的音译词，大多为双音节词或多音节词，从语义类型来看，主要包括：（1）外域民族的各类称号，如单于/善于；（2）生活器物，如郭落/钩络/络（腰带）；（3）乐器，如箜篌/空侯/坎侯（原型为竖琴）；（4）动物，如狮子/师；（5）植物，如葡萄/蒲陶；（6）宝石，如虎魄/琥珀；（7）地名，如黎轩。总体上看，秦汉时期产生了一定数量的音译词，语源主要为匈奴语和西域民族语言，语义类型较为广泛，反映出了当时中原与匈奴及西域各族交流的面貌。

三、魏晋隋唐时期

自魏晋南北朝时起，西域、敦煌、凉州一带的佛经翻译活动开始变得频繁，到唐代臻于极盛，掀起了中国第一次翻译高潮和第一次外来词的引入高潮。无论是翻译理论还是翻译成果（译经和译名），在这一时期都有了很大发展。

秦汉时期的音译词大多不是通过系统化的翻译产生的，而是从日常接触和交流中逐渐形成的。相比之下，佛经翻译是一项系统性工程，所涉及的专名和专业概念的数量更为庞大。三国时期的支谦和尚就曾在《法句经序》中写道：“天竺言语，与汉异音……名物不同，传实不易。”在具体的翻译实践中，佛经译者们形成了“文”（意译）与“质”（直译）两派的对立。文派的支谦就曾对竺将炎的《法句经》译文提出批评，认为“将炎虽善天竺语，未备晓汉。其所传言，或得胡语，或以义出音，近于质直”。质派的道安在《摩诃钵罗若波罗蜜经钞序》则表示，“译胡为秦”需谨慎，采用意译的方式在很多情况下容易失去信息本来的面貌。僧睿在《大品经序》也警告道，“名实丧于不谨”是翻译佛经中不容忽视的问题。在大规模佛经翻译活动开展了三百年后，南朝齐梁时期的僧佑在译名的问题上又做出了更深入的思考。他在《出三藏记·胡汉译经音义同异记》中指出：“自前汉之末，经法终通，译音胥讹，未能明练。故

① 古代拟音 ghua（n）（a）（详见史有为《外来词——异文化的使者》一书 37-38 页）。今英语中“匈奴”仍称为 Hun。

‘浮屠’‘桑门’，遗谬汉史。字音犹然，况于义乎？”僧佑认为，在佛经的音译名词中存在不少错误，对于原意理解的错误更是不少。还有许多名词新名与旧名不太一样，原因之一是“国音之不同”。

对于译名与音译问题，玄奘法师做出了更为精辟的论述。他在《大唐西域记》序言中写道：“然则佛兴西方，法流东国，通译音讹，方言语谬，音讹则义失，语谬则理乖。故曰‘必也正名乎’，贵无乖谬矣。”在他看来，翻译必须要做到音不讹、语不谬，才能实现义不失、理不乖。在某些情况下，采取“不翻”的方式更为合适：

> 一、秘密故，如“陀罗尼”（直言、咒语）。二、含多义，如“薄伽”，梵具六义（自在，炽盛，端庄，名称，吉祥，尊贵）。三、无此故，如“阎浮树”（胜金树），中夏实无此木。四、顺古故，如“阿耨菩提”（正偏知），非不可翻，而摩腾以来，常存梵音。五、生善故，如“般若”尊重，“智慧”清浅；而七迷之作，乃谓“释迦牟尼”，此名“能仁”，“能仁”之位卑周孔；“阿耨菩提”，名“正偏知”，此土老子之教先有无上正真直到，无以为异；“菩提萨埵”，名“大道心众生”，其名下劣。皆掩而不翻。（陈福康，2000：33）

玄奘法师所说的“不翻”，在今天看来就是采取音译的方式。他同时也说明了可以采取音译的具体情况：神秘用语、多义词、中国没有的名物词、已经普及的音译词以及宣扬佛教场合的用语。玄奘从理论的角度对音译进行了总结，他所提倡的“五不翻”对今天的翻译实践依然有一定的指导意义。

古代的少数民族也曾进行过佛经翻译的实践。藏族译者在数百年的译经活动中总结了丰富的经验，记载在《丹珠尔》的《语合》一书中。据《语合》记载，赤松德赞①曾经颁布过一项法令，要求对译经中的译名进行统一，即厘定译语，同时对翻译佛经中的一些问题做了原则性的规定。对于音译，法令规定只有当藏语中无法用一个词与把原文的意义全部包括进去，而仅译出一个意义又没有重大理由时才采取音译的方式。在翻译地方、动物、花卉、草木等名称时，可以在译名前加上“地方”或“花”等，表明是哪一种事物的名称，而保留梵文的原样，也就是今

---

① 赤松德赞（755—797）是吐蕃王朝第37任赞普。即位时正值唐朝发生安史之乱。

天所用的“音译＋标”的方式（陈福康，2000：44-45）。相比玄奘的“五不翻”，法令中的规定更为具体。但由于是藏族内部的法令，影响力不如前者。

魏晋南北朝和隋唐时期，佛经翻译理论有了较大发展。从“名实”出发展开的有关直译、音译的论述，对于翻译实践有一定的指导意义。与之相应的是这一时期大量佛教音译外来词的涌入，这些音译的佛教词汇，既包括各类称谓、佛教建筑等具体概念，也包括菩提、瑜伽、般若等抽象概念。有些佛教音译词一直沿用至今，语义也有所发展，例如涅盘本是 nirvāna 的音译，用来尊称出家人去世，在近代发展为普通名词。这也说明了音译外来词同样具有较强的可塑性和生命力。

除了佛教音译外来词外，这一时期还有从突厥语、波斯语译入的音译外来词。在南北朝与隋唐之际，突厥与中原的接触比较频繁。回纥本是突厥中分离出的一支，在唐贞元年间取得大漠南北的控制权。这两个民族的文化习俗和政治制度有很大的相似处且语言同属一个语系，因此在这一时期吸收的音译词中有相当多的一部分是突厥的官职名称，其中最为人熟知的就是王与王后的称呼——可汗与可敦。与此同时，民间与官方的贸易仍然沿着陆路和海上的丝绸之路发展。异域的动植物、织物、宝石、船舶、音乐、舞蹈等各个领域的音译词不断丰富着汉语的词汇系统，苹果、橄榄、没药、珐琅、珊瑚、玛瑙等词沿用至今。整个魏晋到隋唐时期，音译从翻译理论上站稳了脚跟，从实践上见证了音译词数量的激增。音译外来词的语源更加丰富，涉及的语义类型更加广泛。音译词也不再仅以静止的状态成为概念的外壳，而是在语言的使用中动态发展。

四、宋元时期

晚唐以后历史又进入了一个大分裂时期——五代十国，战争与冲突加剧了各地的交流。赵匡胤黄袍加身统一中原后，依然面临着北方少数民族南下的政治和军事压力。除了以少数民族军事扩张为形式的对外交流，宋朝还形成了以南方商业贸易为特征的另一条交流之路，广州和泉州还专门为外商子弟建立起了“蕃学”，即阿拉伯语和波斯语学校，这些都为音译外来词的产生奠定了社会基础。元朝蒙古人一统中原后，将蒙古语中的词汇带入汉语。随着蒙古帝国的不断扩张，传统的陆路和海路交通范围扩大，交往愈发频繁。欧洲国家对蒙古向外扩张的强盛势力感到惊讶，多次派使者出使蒙古。随着东西交通的畅通，东来的欧洲商人、使臣和传教士逐渐增多，其中最为出名的就是意大利旅行家马可波罗。不仅外国旅行家东来，中国的旅行家也踏访外域，比如两次游历印度洋的汪大渊。这些交流活动直接或间接地促进了语言接触。

宋元时期音译外来词的语源种类又有所增加。蒙古语的影响力非常大，女真、契丹等民族语言也提供了外来词的来源。贸易的发展，也使得汉语词汇中吸收了不少马来语、爪哇语等海上贸易伙伴语言中的词汇。从语义类型来看，蒙古、契丹、女真族相关的称谓、制度在外来词中占有相当大的部分，例如成吉思汗、拔都鲁、寨桑等，这反映出了军事扩张中的交流状况。从动植物名（如胡芦巴、火失剌、土拨鼠）到珠宝织物名（如密陀僧、助木剌、么斯），音译外来词所涉及的语义类型与前代基本相当。

第二节　明清时期的音译思想与音译外来词

一、明初至明中期

明朝外来词的发展与其对外交流密不可分。以两个重要的历史事件为界可以将明朝的对外关系划分为两个阶段。第一阶段的对外交流以郑和下西洋为代表。郑和下西洋不仅有重要的经济社会意义，也对汉语词汇系统产生了重要影响，他所带回来的异域事物和概念，丰富了汉语的词汇系统。这些外来词汇构成了明中期以前外来词的重要组成部分，其中有不少音译词出自“西洋三书”，即《瀛涯胜览》《星槎胜览》和《西洋番国志》，语源涉及阿拉伯语、波斯语、马来语、索马里语、印度尼西亚语等。

除了由对外活动引入的外来词，明代还吸收了少量蒙古语外来词。虽然明朝推翻了元朝统治，但是明初蒙古的实力仍不容小觑。成祖朱棣一方面征剿叛逆部落，一方面派遣使团邀请蒙古人在纳贡制度下贸易。洪武年间，不仅组织了蒙古和汉族学者将《蒙古秘史》译成汉语版，还设立了四夷馆，负责培养外交翻译人员以及四夷往来文书的翻译。这些措施也间接推动了蒙古语等少数民族语言与汉语的互动。

整体上看，明中期以前，郑和下西洋对于汉语词汇系统的影响更大。双方通过“互市”的制度开展国际贸易或交换奇珍异宝，促进了文化交流，也导致了这一时期外来词的语源以中亚、西亚、南亚、东南亚语言为主，译介方式以音译为主。从语义类型来看，出现的音译地名（如阿剌壁、默加）数量较多，各地特产名（如淡巴菇）、货币名（如播荷、加失）等也较多地采用了音译方法。这些都反映出了当时对外交流的繁荣情况。

二、明中期至明末

明中期以后，明王朝整体开始走下坡路。明朝国家机器腐化，军队战斗力也大不如前，对沿海倭寇的防范也疏忽了许多。这些倭寇不仅在海上横行霸道，甚至登陆到沿海城市烧杀抢掠。明朝统治者为了防止沿海的反抗残余与倭寇勾结，实施了更加严厉的海禁政策，几乎断绝了与外界的一切交流。同一时期，欧洲国家开始资本的原始积累，以坚船利炮为后盾不断向外进行殖民扩张。罗马教廷也希望通过海外扩张弥补其在欧洲本土因宗教改革受到的损失，于是一批批传教士开始来到中国。

1582 年，意大利传教士利玛窦正式抵华。在华期间，他编写和翻译的汉语文献共有十九种，其中有六种编入《明史·艺文志》，十三种收入《四库全书》。他与徐光启共同合作翻译的《几何原本》不仅把欧几里德几何学及其严密的逻辑体系和推理方法引入中国，同时确定了几何学名词的译名。他制作的世界地图《坤舆万国全图》是中国历史上第一个世界地图，介绍了西方的地理学知识，确定了许多地理名词及地名的译名。除利氏外，还有许多西方传教士加入了西书汉译的工作中来，如艾儒略编译《职方外纪》，熊三拔与徐光启合译《泰西水法》，傅泛际与李之藻合译《名理探》等。

鉴于此，明中期至明末的外来词语源以拉丁语、葡萄牙语等欧洲语言为主。从翻译的方式来看，多采用意译的方式，以汉字形式表达西方概念，突破文化的壁垒。除了人名地名等专有名词音译外，大多数的学科名词倾向于意译或音译与意译并用。例如：“言语之伦有三：一曰谈艺，西云额勒玛第加；二曰文艺，西云勒读理加；三曰辨艺，西云络日伽；而又有史，西云伊斯多利亚；又有诗，西云博厄第加。”（史有为，2004：236）“额勒玛第加”源词为拉丁语 grammatica，即语法学；“勒读理加”源词为拉丁语 rhetorica，即修辞学；“络日伽”源词为拉丁语 logica，即逻辑学；“伊斯多利亚”源词为拉丁语 historia，即历史学；“博厄第加”源词为拉丁语 poetica，即诗学。这种先意译再音译的方式，是明末清初翻译学科名词时常用的模式。虽然存在大量的音译学科名词，但是其功能性较差，似乎仅起到介绍源词读音的作用。因此，这些音译词即便在知识分子中也没有普遍流行起来，在现代汉语中已完全消失。

三、清初至鸦片战争

清初依旧延续了明末对西方传教士礼遇的态度，比如顺治皇帝就特别倚重汤若望，西书的翻译在这一时期仍在继续。但是好景不长，天主教内部发生了“中西礼仪之争”。罗马教会认为中国的儒教不符合西方宗教的标准，反对中国信徒的祭祖活动，认为这与天主教教义相冲突。这与利玛窦最初推行的本土化政策相悖，也引起了清廷的不满，直至最后康熙帝发出了禁教令。此后的百余年间，传教士在中国的处境非常艰难。通过传教士的中西交流也陷入了停滞状态。

在对外关系上，清政府为了禁止和截断东南沿海的反清势力与据守台湾的郑成功部的联系，于顺治康熙年间先后颁布五次“禁海令”及三次“迁海令”，中断了明朝以来繁荣的海上贸易。即便是在清朝攻占台湾开海禁后，仍然不能与西方贸易。乾隆以后更是实行了全面的闭关锁国政策。综上两点，清初至鸦片战争前，中国一直处于一个封闭的状态，外来词的渠道受到限制。又因清朝是少数民族满族建立的政权，满语成为这一时期外来词的主要来源。

满语音译词通过当时的官方文献和民间的戏曲小说进入汉语词汇系统中。从语义类型来看，包括社会制度（如固伦）、称谓官职（如阿哥）、职业身份（如包衣）、特色食品（如萨其马）、动植物（如喇喇姑）、生活器物（如哆嘆壶）、动作性状（如胳肢）以及一些语气词（如嘛）等。不过总体来看，这一时期国家的封闭限制了外来词的发展，音译词外来词的数量并不太多。

四、鸦片战争至清末

1805 年，随着“百年禁教”的结束，中西方交流开始恢复。以马礼逊为代表的新教传教士纷纷来到中国，开办教堂、医院和书院，设立印刷所，出版报刊书籍。除了传播福音之外，传教士们希望通过译书出版的方式把近代发明发现以及西方的各类知识传播给中国人。1834 年，旨在传播西方历史、科学、学艺等知识的益智会成立。虽然其庞大的出版计划并未实现，但它编辑发行的《东西洋考每月统记传》以及《美理哥国志略》对最初“睁眼看世界”的中国士人影响很大。1840 年，西方帝国主义的枪炮敲开了中国封闭的大门。封闭王朝遭受被侵略瓜分的危机。以曾国藩、李鸿章、张之洞等人为代表的洋务派官员本着“中学为体，西学为用”的观点，开始引进西方科学技术。1862 年成立的京师同文馆和 1867 年成立的江南制造局翻译馆成为当时官方的译书中心，仅江南制造局翻译馆一家就出版了 98 部共 235 本西书，另有 45 部尚未刊行、13 部未全译（张生祥，2011：20-24)。同一时期，由传教士创办的出版机构也翻译了大量西书，还编辑出版了多部英汉汉英辞典，对汉语外来词的发展起到了一定的推动作用。

1894 年中日甲午战争爆发，北洋水师全军覆没，清政府被迫签订《马关条约》。甲午战争的惨败加速了中国半殖民地化的进程，亡国灭种的危急形势迫使一些有识之士寻找新的救国之路。以康有为、梁启超为代表的维新派，主张学习西方社会政治学说及自然科学，改良政治，维新变法。但是甲午战争的惨败宣告了洋务运动的失败，维新派们于是将目光转向明治维新成功后的日本。康有为在《应诏统筹全局折》的奏折中提出的主张沿袭了日本的许多做法。即便是在戊戌变法失败后，维新派向日本学习的思想依然影响着当时的中国人。大量日译西书传入中国，对汉语词汇系统的外来词带来了新的影响。

在洋务运动和戊戌变法两大重要事件的影响下，中国迎来了第二次翻译和外来词引入高潮。西书翻译中译名是首先需要解决的问题。一些西方人认为中国的语言文字古老而生硬，与西方文字完全不同，十分难懂。西方学科门类众多、名目繁杂，中国本土没有与之对应的学科和术语，翻译几乎是不可能的事情。在中国从事多年科技翻译工作的傅兰雅对这种说法予以驳斥，认为如果只用字典中已有的词来翻译，那么译书之事永远做不成。中国的语言文字和其他语言一样，都具有能产性。汉语以前能产生新词，以后也可以产生新词（陈福康，2000：84)。西书翻译使每年都有新的词汇产生。在其丰富的翻译经验的基础上，傅兰雅对如何翻译专业名词提出了自己的看法，并在 1873 年《江南制造总局翻译西书事略》中提出了具体规则。若汉语中已有相关名称则采用汉语原有译名。这些名称可以首先从字典中查询，其次查询中国本土已有或此前传教士所著相关学科或工艺书籍，再次可拜访中国商人或制造工艺的专业人士。若汉语中确实缺少相关概念与名称，则需要创立新名。对此，有三种方法：

一、以平常字外加偏旁而为新名，仍读其本音，如镁、钟、砷、硅等；或以字典内不常用之字释以新义而为新名，如铂、钾、钴、锌等是也。

二、用数字解释其物，即以此解释为新名，而字数少为妙，如养气、轻气、火轮船、风雨表等是也。

三、用华字写其西名，以官音为主，而西字各音亦代以常用相同之华字，凡前译书人已用惯者则袭之，华人可一见而知为西名；所已设之新名，不过暂为试用，若后能察得中国已有故名，或见所设者不妥，则可更易。（陈福康，2000：85）

傅兰雅译名规则的制定细化了音译方法的使用情境。第一条中基于形声字的音译策略和造字策略比罗存德使用的造字法更加科学，也更为人们所接受，成为后来化学类译名制定的标杆。第三点中提出的“官音为主”和“常用相同之华字”对音译词的语音和用字提出了指导性意见。但是同时他也表示，音译仅是权宜之计，不妥之处可以修改甚至可以被后起的意译词替代。

1897 年梁启超在《时务报》上发表的《变法通议》中，也讨论了翻译和译名问题。他表示“定公译之例”是译书首立三义之一，需要编写一本统一译名的专名书籍供所有译者使用。在具体翻译名称的问题上，他认为人名地名如有旧名应沿袭旧译；官制名称“有义可译则译义，义不可译则译音”，或者参考日本的译法；名物词因为发展太快层出不穷，故“必以造新字（词）为第一义”。同傅兰雅一样，梁启超强调了译名统一的重要性，同时也间接地体现了“意译第一，音译第二”的心态。

同年，梁启超还在《时务报》上发表了高凤谦的《翻译泰西有用书籍议》。在这篇文章中，高凤谦对译名的统一提出了建设性意见。在论及音译名时，他认为名物词有义可循，但是人名地名仅仅有音无义，比较复杂。西方的读音也与汉语不一样。同一个词汇，急读为一音，缓读为二三音。在翻译为汉语时，不同地区的人用不同的方言音来翻译，因此会有百人译之而百异的现象。即便是同一个人翻译，也有可能前后不一。因此他提出了按英语和北京官话对音译词进行汇编和统一的观点。这对于音译词的发展有着积极作用。

在晚清的这些翻译论著中，大多数学者将音译视为一种辅助性的方式，相比之下更青睐意译。章士钊1910发表的《论翻译名义》是少有的"抑意扬音"的文章。章士钊认为，"以义译名"（即意译）的最大弊端在于不论意译词的选择如何恰当，所译出的都不再是原来的名称，而是源语名称的定义，其结果就是定义变成了术语，而且意译容易令人望文生义导致对源词理解的偏差。在章士钊看来，学术是不断进步发展的，定义会因学科的发展而发展，如果强取"一时、一己之界说"，对于后来重新定义的人带来了无穷障翳。在音译利弊的问题上，他明确说道：

> 吾国字体，与西方迥异，无法采用他国文字。以音译字，即所以补此短也。语其利也，则凡义译之弊，此皆无有，即为其利。至语其害，则人或觉其生硬不可读外，可谓无之。且此不过苦人以取不习，终不得为害。此种苦处，习之即久，将遂安之……佛经名义之不滥者，译音之法乃确为一绝大之保障。至今"涅盘"、"般若"等字，未闻有人苦其难读者。故愚认为，自非译音万不可通，而义译又予吾以艰窘，吾即当诉之此法。（章士钊，1910）

章士钊对音译的推崇也引起了学界的一番论战。直至民国之后，这场论战才暂告一段落。虽然他的某些观点稍显偏颇，但的确从理论和历史的角度驳斥了一些学者"袭音非译也"的观点，阐述了"音译"亦是一种必要的翻译方式。他从现在符号学理论的角度论述译名的符号指代性，从某种程度上改变了"音译只适用于人名地名等'无意义'名词的翻译"的看法，间接推动了音译外来词的发展。

在社会思潮和翻译理论的双重推动下，晚清的音译外来词发展较以往更为迅速。在洋务运动时期，外来词主要来自英语或西欧语言，音译词意译词皆有；在语义类型上，以科技、地名、外国事物、度量衡等类型为主，反映出了当时"师夷长技"的思想。戊戌变法及之后出现的外来词，大多来源于日语，并且以意译词为主，音译词较少；从语义类型上而言，以政治、经济、法律等社会科学类词汇为主。

第三章　晚清英源音译外来词的语音考察

第一节　英汉语音系统

一、英语语音

英语的发展有着一千多年的历史。经过了古英语及中古英语时期的发展，英语在十六世纪进入现代英语阶段，其拼写方式和基本词汇大体固定。至十八世纪，英语的规范化与标准化过程基本完成，其后的语音与语法没有大的变化。1620 年，随着英国“五月花”号移民船驶离普利茅斯，英语也随之被带到了美洲大陆。经过几百年的发展，大西洋两岸的英语在不同的地域被不同的社会群体孕育打磨，在语音、拼写和语法上出现了差别。本书以颜惠庆《英华大辞典》为语料，其英语蓝本词典为 *Nuttall's Standard Dictionary of English*，注音为美式发音，颜惠庆本人也曾在美国留学。因此本书将研究对象中的“英语”界定为标准美式英语，并采用美式 K. K 音标标注英语单词发音。

（一）元音

元音是音节中具有中心性质的语音。发元音时，声带产生振动，产生的气流在共鸣腔里不受任何阻碍，从听感来看比较响亮。各元音的发音器官与发音方法是相同的，导致元音差异的是共鸣腔（主要是口腔，其次是鼻腔）的形状。开口、舌位与唇形均会影响口腔形状，因此在描述或定义元音时，常从舌位高低（开口程度）、舌位前后与唇形圆展等三个维度来考察。参照国际音标元音表，英语中十二个单元音发音的舌位关系如下（见图 3-1）：

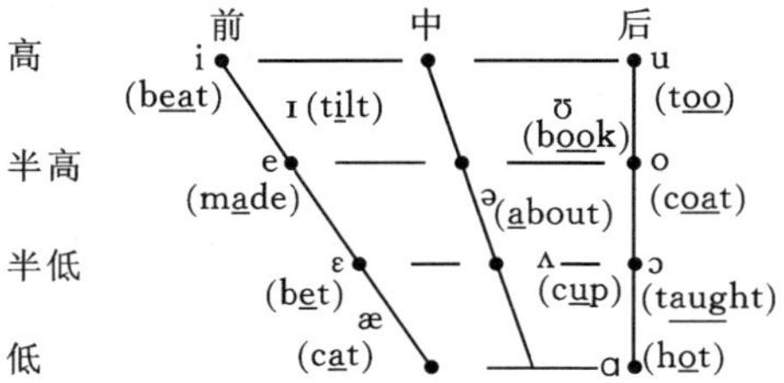

图 3-1　英语单元音发音位置与例词

从发音位置来看，英语前元音有五个：/i/、/ɪ/、/e/、/ɛ/和/æ/，均为不圆唇元音。其中/i/与/ɪ/，/e/与/ɛ/是两组关系紧密的元音。从元音长短来看，/i/和/e/比/ɪ/和/ɛ/偏长。导致音长不同的原因是发音时肌肉的紧张程度不同。这五个前元音中，/e/在发音时向/ɪ/有所滑动，但移动位置不及双元音。英音中，其滑动更为明显，因此在 D. J. 英式音标中记为/eɪ/。

英语中的央元音有两个：/ə/和/ʌ/。其中/ə/是舌面中半高不圆唇元音，主要用在非重读音节中。从肌肉松紧来看，/ə/属于松音，是弱化的元音。/ʌ/在国际音标表中标作舌面后半低不圆唇元音，位于后元音/ɔ/的左侧。但是在美式英语中，尤其是在北美，/ʌ/的发音位置向舌中央前移，至少不是完全如/ɔ/一样靠后，故而在美式英语元音归类时常将/ʌ/划为央元音。与/ə/相反，/ʌ/只在重读音节中出现，常形成一组元音的对照。此外，/ə/和/ʌ/常含有/r/的音色，发音时舌头会轻微卷起，因此也分别记作/ɚ/和/ɝ/。

英语中的后元音也有五个：/u/、/ʊ/、/o/、/ɔ/和/ɑ/，其中前四个是圆唇元音。与前元音/i//ɪ/组及/e//ɛ/组相似，/u//ʊ/组以及/o//ɔ/组也可以形成两个以发音时肌肉紧张状态为主要区别的元音对照组。其中，/u/与/o/是紧音，/ʊ/与/ɔ/是松音。/ɑ/是后元音中唯一一个不圆唇元音。它的发音舌位也较低。这五个后元音中，/o/发音时位置向/u/有轻微滑动，有双音化的倾向。英式 D. J. 音标中记为/əu/。

除上述十二个单元音外，英语中还有双元音（diphthongs）。双元音由两个元音复合而成，一般只有响度最高的元音发音动作比较完整，响度较低的发音动作通常不太完整。英式英语中有八个双元音，分别为/eɪ/、/aɪ/、/ɔɪ/、/eə/、/uə/、/iə/、/au/和/əu/。在美式英语中，/e/和/o/的滑动并不如真正的双元音那般明显，被划为单元音。

此外，/ɪə/、/eə/和/uə/三个双元音中的/ə/在美式英语中弱化为/r/（/ɪə/→/ir/，/eə/→/ɛr/，/uə/→/ɔr/），也不视为双元音。因此，真正由两个元音复合而成的双元音只剩下/aɪ/、/ɔɪ/和/au/三个。

（二）辅音

辅音是声音在发音通道被封闭或者变窄，气流在声腔遇到阻碍后发出的声音。由于阻碍是辅音产生的声源，不同的阻碍位置和不同的成阻、除阻方式造成了不同的音色（邢福义、吴振国，2013：76）。因此，辅音的描述主要有发音部位和发音方式两个维度。以发音部位为经，以发音方法为纬，英语的辅音系统可以通过以下表格表示（见表 3-1）：

表 3-1　英语辅音与例词

<table>
<tr><th colspan="2">发音部位
发音方式</th><th>双唇音</th><th>唇齿音</th><th>齿间音</th><th>齿龈音</th><th>龈后音</th><th>硬腭音</th><th>软腭音</th><th>声门音</th></tr>
<tr><td colspan="2">塞音</td><td>p　b
pin/bin</td><td></td><td></td><td>t　d
sat/sad</td><td></td><td></td><td>k　g
cap/gap</td><td></td></tr>
<tr><td colspan="2">擦音</td><td></td><td>f　v
fat/vat</td><td>θ　ð
thigh/
thy</td><td>s　z
ice/
eyes</td><td>ʃ　ʒ
share/
leisure</td><td></td><td></td><td>h
hen</td></tr>
<tr><td colspan="2">塞擦音</td><td></td><td></td><td></td><td></td><td>tʃ dʒ
church/
orange</td><td></td><td></td><td></td></tr>
<tr><td colspan="2">鼻音</td><td>m
worm</td><td></td><td></td><td>n
inn</td><td></td><td></td><td>ŋ
sing</td><td></td></tr>
<tr><td rowspan="2">流音</td><td>边音</td><td></td><td></td><td></td><td>l
symbol</td><td></td><td></td><td></td><td></td></tr>
<tr><td>通音</td><td></td><td></td><td></td><td></td><td colspan="2">r/ɹrigid</td><td></td><td></td></tr>
<tr><td colspan="2">半元音</td><td></td><td>w
wagon</td><td></td><td></td><td></td><td>j
young</td><td>（w）
white</td><td></td></tr>
</table>

在英语发音中，语音的清浊（即发音时声带振动的情况）是重要的

区别性特征，但是送气与否不是区别性特征。在成对出现的辅音中，左侧为清辅音，右侧为浊辅音。发音时辅音是否送气受辅音前后的音素限制。通音/r/严格来说表示舌尖颤音，例如西班牙语中的/r/。倒写的 r 即/ɹ/则表示舌尖前音，是英语中的/r/音，如 rigid 的发音/ˈrɪdʒɪd/。英语词典中为方便印刷，均以/r/代替/ɹ/。本书遵从惯用做法，后文中均以/r/表示。在英语辅音中，还有两个音质比较特殊的音，/w/和/j/。发这两个音时，气流在声道不受阻碍，没有产生摩擦，音的音质也较普通辅音响亮，更接近于元音，故而也被称为半元音。半元音/w/的发音部位涉及双唇和软腭，因此出现了两次。涉及软腭的/w/也被记作/ʍ/，称为不带声唇软腭擦音（voiceless labiovelar fricative），听觉上类似于/hw/，如美式英语中的 white。本书中暂以/w/统一标记。

二、晚清官话

汉语是一个相对宽泛的概念。从共时的层面看，广义的汉语包括汉民族共同语和汉语方言，狭义的汉语指汉民族共同语。方言和共同语在语音上有很多差别。从历时的角度而言，汉语从原始阶段到现代汉语历经了几千年的变化，语音也必然出现演变。本书语料来源于 1908 年的《英华大辞典》，考察的对象是辞典中的词汇，因此需要对晚清的社会共同语（尤其是书面语）有所考察。明清时期的资料中常用“官话”来表示这一概念。在传教士文献中也常有“mandarin”或者“court language”的表述。官话是在当时政府官僚以及士人之间所通行的具有超地域性的一种语言（李丹丹，2011：105-111）。

然而对于明清官话，学界目前的争议较多，比如关于明清时期的官话是否等同于正音这个问题，不同学者的看法可能并不相同。叶宝奎（2001）认为官话与正音之间是一个等式，明清官话就是明清时期的标准音；它与历史上的“正音”“雅音”一样，只是明清时期采取了特殊的名称而已。耿振生（1992）则认为“正音”是一种理论上的最高规范，是一种抽象的语音概念，而官话是人们在实际中所使用的口头语言，二者不能混为一谈。再如对于明清官话是否以某一方言为基础的问题，耿振生（1992）、张玉来（1999）、张鸿魁（2007）、陈泽平（2004）等学者都持否定态度。但也有不少学者持相反观点，他们认为官话语音是以某个基础方言点为标准的，不过对于基础方言的判定却有较大分歧。从社会语言学的角度而言，一国之都应是该国经济、政治、文化的中心，故而首都的方言有极大可能成为共同语的基础方言。在中国，元代定都元大都即北京后，北京一直是中国的政治中心。因此，北京话是官话基础方言的观点得到不少学者支持。但是另一方面，明初定都是在应天府即南京，明成祖朱棣迁都北京后，也把官员从南京带到了北京。这些人所说的应是以南京话为基础方言的官话，他们把官话语音带到北京，后与北方的发音碰撞融合。另外，一些明清传教士文献中的注音音系与南京方言更为接近。威妥玛在《语言自迩集》中表示当时“没有人把北京话作为写作对象，而各种表音法都声称描写的是南方官话”（威妥玛，2002：14）。许多传教士文献中也体现了对南京话的推崇。因此，也有相当一部分学者认为明清时期的官话最初是以南京话为基础方言的，到了晚清逐渐融合了北方方言的成分。

正是因为官话问题的复杂性，使得晚清音译外来词的语音研究颇有些困难。在理想的情况下，双语词典本身既有英语注音又有汉语注音，可以为英汉对音情况的研究提供更为可靠的语音材料。然而现实往往不能两全其美。正如前文所言，传教士词典的目标用户是学习汉语的西方人，其双语词典一般不标注英语读音仅标注汉字读音。因此，传教士词典可以呈现出比较完整的语音和音系。不过，传教士对汉语语音把握是否正确、他们学习的语音是否受当地方言影响等问题都将影响最终文献资料的准确性，在使用时也需要谨慎。本书所用的颜惠庆《英华大辞典》是一本面向中国学习者的词典，因此只有英语注音而没有对汉字进行注音。这无疑增加了语音考察的难度。尽管如此，笔者发现还是能够利用已有的传教士语音文献以及汉语声韵学的材料对音译词的语音问题进行考察。戴黎刚通过对 1844 年《英华韵府历阶》、1888 年《官话新约全书》以及 1900 年《详解汉英字典》的考察，发现三者的官话语音中声母系统几乎完全相同，只是后两者分别多出了［ɕ］和［tɕ］、［$tɕ^h$］，而韵母中有七八个存在差异但总体上一致性比较高（戴黎刚，2017：28-41，103）。换言之，晚清官话的语音系统虽然在不断演化，但是仍有一定的稳定性；

辅音的情况比元音更容易掌握一些。鉴于此，笔者又参考了1874年司登得《中英袖珍字典》、1912年翟理斯《华英字典》中的汉字注音，并利用1915年《中华大字典》等同时代汉语辞书以及《汉字字音演变大字典》等专业工具书，对晚清音译词中的汉字读音进行标注。

第二节　晚清英源音译词的元音考察

一、前高元音/i/与/ɪ/

英语中的/i/与/ɪ/以及汉语中的［i］①都是前高元音音位，而且有听觉的相似性。实际上，英语/i/发音时，舌尖需要顶住下齿，舌前部向上抬但并不接触硬腭，嘴唇向两边伸展。与汉语的［i］相比，英语在发/i/音时舌头在口腔中的位置稍低且靠后些，舌前部与硬腭之间的位置更远一点，且不像汉语［i］带有轻微的摩擦（国伟秋，2009：86）。英语/i/发音时肌肉更紧张、声音更尖锐。而/ɪ/发音时口形与/i/相似，但唇部更扁平，舌位也略低。英语中/i/与/ɪ/在时长上分别为长元音和短元音，但其本质区别在于发音时肌肉松紧状态的不同。由此，形成了/i/与/ɪ/的对立。《英华大辞典》中的英语源词中/i/共出现116个，以当时的官话语音衡量，其中有82个（占70.69%）以音位置换的形式借入晚清时期的词汇系统，22个（占18.97%）以增音方式出现，删音5个（占4.31%），另有7个在汉语中以多种语音形式借入②。/ɪ/共128个，其中96个（占75.00%）以音位置换的形式借入晚清时期的词汇系统，27个（占21.09%）以增音方式出现，没有出现删音，另有5个在汉语中以多种语音形式借入。前高元音/i/与/ɪ/晚清时期对应汉语译词中的语音借入以及历时发展情况如下（见表3-2）：

---

① 本书中//和［］的对立是英汉两种语言中音位的对立，并非音位与音素的对立。比如［i］表示汉语/i/音位，实际含有［i］、［ɿ］、［ʅ］三个变体。

② “多语音途径借入”是指英语词有不同的音译词形，且在该音位上的语音表现不同。这种情况属于未定型的语音竞争，计入总数但不列入借入表。

表 3-2 前高元音/i/与/ɪ/在汉语中的借入情况

译入音 / 译出方式		/i/				/ɪ/			
		晚清		现代①		晚清		现代	
		数量	比例	数量	比例	数量	比例	数量	比例
置换	[i]	79	68.10%	68	75.56%	88	68.75%	72	72.00%
	[ɤ]	1	0.86%	1	1.11%	1	0.78%	1	1.00%
	[u]	2	1.72%	0	0.00%	0	0.00%	0	0.00%
	[ə]	0	0.00%	0	0.00%	2	1.56%	3	3.00%
	[a]	0	0.00%	0	0.00%	2	1.56%	0	0.00%
	[y]	0	0.00%	0	0.00%	3	2.34%	2	2.00%
置换小计		82	70.69%	69	76.67%	96	75.00%	78	78.00%
增音	[ei]	17	14.66%	16	17.78%	13	10.16%	13	13.00%
	[ai]	3	2.59%	3	3.33%	5	3.91%	3	3.00%
	[an]	1	0.86%	0	0.00%	0	0.00%	0	0.00%
	[iɛ]	1	0.86%	0	0.00%	4	3.13%	4	4.00%
	[ui]	0	0.00%	1	1.11%	0	0.00%	0	0.00%
	[yɛ]	0	0.00%	0	0.00%	4	3.13%	1	1.00%
	[ia]	0	0.00%	0	0.00%	1	0.78%	1	1.00%
增音小计		22	18.97%	20	22.22%	27	21.09%	22	22.00%
删音（Ø）		5	4.31%	1	1.11%	0	0.00%	0	0.00%
借入倾向		[i]② > [ei] > Ø > [ai] > [u] > [ɤ]、[an]、[iɛ]		[i] > [ei] > [ai] > [ɤ]、[ui]、Ø		[i] > [ei] > [ai] > [iɛ]、[yɛ] > [y] > [ə]、[a] > [ɤ]、[ia]		[i] > [ei] > [iɛ] > [ə]、[ai] > [y] > [ɤ]、[yɛ]、[ia]	

① “现代”一栏统计的是词库 426 个英源音译外来词在现代汉语中的对音状况。由于一部分音译词被意译词取代，现代组的数据要少于晚清组。

② 占比超过 50%的借入方式加粗表示。

前高元音/i/的语音置换倾向比较明显。通过对晚清汉字读音的梳理发现，在 82 个以置换形式借入的音译词中，以［i］置换的占绝大多数，例如：ether/以太/以脱、Mississippi/密西西皮/米西西比、Eton/伊敦等，这与现代汉语中的对音情况大体相同。之所以置换是向［i］集中，主要是因为它与英语/i/在发音方式和听觉感知上最为相似。在现代汉语中，虽然源词总数出现下降，但是以［i］映射/i/的词汇占比却提高到75.56%，聚合倾向进一步加强，说明/i/→［i］的置换方式是汉语在历时语音规范中的最为主要的倾向。除［i］之外，晚清时期/i/的置换还出现了［ɤ］和［u］的情况，二者数量都比较少。出现的这三例非常规情况都有因可循。Harley/哈尔勒中的/i/→［ɤ］置换因拼读不完全导致词尾的-ey 直接被删除，以中间的/l/为主添加了辨识度最自然的［ɤ］音，形成［lɤ］音节。benzine/偏苏汽油中/i/→［u］的置换则是由于其输入渠道为方言导致的异常；selenium/碖中/i/→［u］的置换则是受英语拼读法的影响，将 len 错误拼读为［lən］的结果。这样的非常规调整势必要规范。Harley 在现代汉语中调整为了“哈利”归入了［i］，而 benzine 和 selenium 根据化学元素整体译名调整的方法或舍弃音译词或采取简省的音译形式，故而非常规映射消失。将非［i］的置换调整为［i］并不一定是/i/在语音规范中的唯一方向，caesium 由“鏾”变为“铯”就是/i/→［i］变为/i/→［ɤ］的情况。不过，该词的情况较为特殊，caesium 是化学元素名，按其命名法则取首音节应为“鏾”。但是化学元素中读音为［ɕi］的有多个（如硒、硅），为避免使用同音字将其改为第二个音节的对应汉译字。-sium［ziəm］中含有两个元音，取前者又为［ɕi］不能避免同音，因此只能取后者的［ə］，在汉语中将其对应为［sɤ］。这一例情况极为特殊，不是/i/音位译入后语音规范的主要方向。此外，在七个存在不同语音置换形式的英语源词中，有四个以［i］确定为最终的语音（whisky/威士忌、Abyssinia/阿比西尼亚、sardine/沙丁鱼、mangosteen/莽吉柿树[①]），其他以意译形式取代。增音中非必要增音多还原为单元音［i］，如 Bohemian/玻黑米亚→波希米亚。在删音中，除受语义影响较重的 utopia 以及后改为意译

① 现代汉语中“柿”读作［ʂʅ］，［ʅ］与［i］归为同一底层音位［i］。

词的 threnody 之外，全都将省略的/i/以汉语中［i］增补回来。由此可见，/i/→［i］不仅是/i/在晚清时期的语音置换方式，也是历时语音规范中最主要的方向。

/i/与/ɪ/在英语中是一对有松紧对立区别的元音，但是从晚清官话到现代汉语，都不存在类似的一组对立，因此与/i/相似，短元音/ɪ/也主要置换为语音相似度最高的元音［i］，例如：sillimanite/夕里蛮爱脱、picoline/皮哥里尼、druids/督伊德等。/ɪ/→［i］的置换占晚清时期/ɪ/全部置换的 91.67%，是最为主要的倾向。除/ɪ/→［i］之外，还可能置换为［ɤ］、［ə］、［a］、［y］，较之/i/的情况更为多样。/ɪ/→［ɤ］有一例，即 gothic/嘎特（欸式），“特”在保留入声韵尾的方言中都含有［k］韵尾，从整个词的用字来看，方言的痕迹也比较明显，异常的现象是由方音官读导致的。/ɪ/→［ə］有两例，语音置换都与音节环境有关。Darwin/达尔文和 Finland/芬兰都是“不能与［i］直接拼读的辅音+/i/+/n/”的形式，要想使音节合法有两种方法可取，一是将/i/置换为另一可以与音节首辅音相拼的元音，二是增音将/i/置换为汉语中的双元音（如［ei］）。显然，第一种方法更符合语言经济性的原则，因此在更换置换元音时选择了语音感官较自然的［ə］。/ɪ/→［a］的置换有两例，均为方音途径输入的方音官读现象。现译为“巧克力”的 chocolate 一词，晚清时最后一个音节/lɪt/译为“辣”，就是受粤语的影响。1828 年的《广东省土话字汇》中出现的“知古辣”可以佐证（程美宝，2010：92）。另外还有三例/ɪ/→［y］的置换，这三例的情况与英语拼读有一定关系。Lydia、Phrygia 和 Syria 中都是字母 y 表/ɪ/音，在无音标的情况下容易拼读为/ju/。由于这些词创制得较早已约定俗成，现代汉语还是保留了晚清时期的词形。由此可以看出，即便汉语中［i］与［y］同为高元音音位，也无法用其唇形圆展的区别来取代英语/i/与/ɪ/松紧的区别性特征。从这一点上说，在语音置换时语音听觉感知的相似性似乎比音位特征更为重要。从历时的角度而言，/ɪ/→［i］的语音置换得到强化，不必要的增音调整为元音的置换（如 Iridium/铱→铱），五例多语音借入中也有四例以/ɪ/→［i］成为最终形式。整体上/ɪ/→［i］在置换策略中的占比也由晚清时期的 91.67%上升到 92.31%。结合高元音/i/的情况，可以说汉语

[i] 是英语前高元音/i/与/ɪ/在晚清时期占主导地位的置换对等音，也是其语音规范的标准。

在语音转化中，/i/与/ɪ/仍有近四分之一转化为汉语的双元音，这主要与音节环境相关。这些词语源词中/i/大多出现在与唇齿音/f/或/v/组成的音节中，形成/fi/、/fin/或/vi/等音节（汉语中没有/v/音位，在音译时常转为/f/或/w/)。然而汉语中作为声母的唇齿音 [f] 不能与元音 [i] 以及有元音 [i] 的齐齿呼韵母相拼，因而需要转化为其他的双元音或多元音韵母。同理，汉语中 [x] 也不能和齐齿呼相拼形成音节，在音译时也由/hi/转化为了 [xei]。这类的语音调整基本保留在了现代汉语中，增音趋势也向 [ei] 靠拢。

在前高元音/i/中还出现了五例删音现象，其中四例出现在词尾的/iə/中，删除的原因与元音的位置有一定关系。这类情况在现代汉语中都被“纠正”过来。这也说明，元音在音节中的地位很重要，一般不能轻易删除。唯一保留到现代汉语中的删音是 utopia/乌托邦。严格说来，它采用的是谐音音译的方法，最后一个音节所选用的“邦”字表“国家”。从词面上，可以构成“乌＝没有”“托＝寄托”“邦＝国家”的等式，从而推导出“乌托邦”是“没有寄托的国家”“空想的国家”等意思。“邦”字表意的功能优先于表音的功能，源词与译词辅音上的相似性只是锦上添花的附加条件，不是典型的元音删音情况。

二、前中元音/e/与/ɛ/

英语中的前中元音/ɛ/发音时嘴唇微微向外张开，上下齿之间约能伸进食指尖，舌尖抵住下齿，舌前部微微上抬，舌位低于/ɪ/。而/e/发音时向/i/有轻微滑动，和/ɛ/形成一组松紧对立音。从听觉上来讲，英语/e/与汉语双元音韵母 [ei] 更为接近。通过词典中译词的统计发现，/e/共 27 个，其中 11 个（占 40.74%）采用了置换的方法，14 个（占 51.85%）采用增音，1 个（占 3.70%）采用删音，1 个有多种语音形式。源词中/ɛ/共 56 个，其中 28 个（占 50.00%）用了置换的方法，23 个（占 41.07%）采用增音，没有出现删音，5 个有多种语音形式。语音借入的统计如下（见表 3-3）：

表 3-3 前中元音/e/与/ɛ/在汉语中的借入情况

译出方式 \ 译入音		/e/				/ɛ/			
		晚清		现代		晚清		现代	
		数量	比例	数量	比例	数量	比例	数量	比例
置换	[a]	10	37.04%	9	45.00%	6	10.71%	6	16.22%
	[ɤ]	1	3.70%	0	0.00%	5	8.93%	1	2.70%
	[i]	0	0.00%	1	5.00%	11	19.64%	2	5.41%
	[ə]	0	0.00%	0	0.00%	4	7.14%	4	10.81%
	[ɛ]	0	0.00%	0	0.00%	1	1.79%	2	5.41%
	[o]	0	0.00%	0	0.00%	1	1.79%	1	2.70%
置换小计		11	40.74%	10	50.00%	28	50.00%	16	43.24%
增音	[ai]	3	11.11%	2	10.00%	5	8.93%	5	13.51%
	[an]	2	7.41%	0	0.00%	0	0.00%	1	2.70%
	[au]	1	3.70%	0	0.00%	0	0.00%	0	0.00%
	[ia]	2	7.41%	2	10.00%	2	3.57%	2	5.41%
	[ei]	6	22.22%	5	25.00%	8	14.29%	7	18.92%
	[iɛ]	0	0.00%	0	0.00%	4	7.14%	3	8.11%
	[iŋ]	0	0.00%	0	0.00%	1	1.79%	2	5.41%
	[ən]	0	0.00%	0	0.00%	1	1.79%	0	0.00%
	[uai]	0	0.00%	0	0.00%	1	1.79%	0	0.00%
	[uo]	0	0.00%	0	0.00%	1	1.79%	0	0.00%
	[yɛ]	0	0.00%	0	0.00%	0	0.00%	1	1.00%
增音小计		14	51.85%	9	45.00%	23	41.07%	21	56.76%
删音（Ø）		1	3.70%	1	5.00%	0	0.00%	0	0.00%
借入倾向		[a] > [ei] > [ai] > [an]、[ia] > [ɤ]、[au]、Ø		[a] > [ei] > [ai]、[ia] > [i]、Ø		[i] > [ei] > [a] > [ɤ]、[ai] > [ə]、[iɛ] > [ai] > [ɛ]、[o]、[iŋ]、[ən]、[uai]、[uo]		[ei] > [a] > [ai] > [ə] > [iɛ] > [i]、[ɛ]、[ia]、[iŋ] > [ɤ]、[o]、[an]、[yɛ]	

前中元音组的语音借入方式中，置换和增音不分伯仲。不论是晚清共时层面的表现，还是从晚清到现代的历时发展结果都是如此。在元音的置换方面，前中元音/e/对应的置换元音为汉语中的［a］，这一点较为明显且具有稳定性，例如 Satan/撒但、Australia/奥斯达利亚/奥大利亚、Shakespeare/沙克皮耳/沙士披里等。汉语中也有［e］，但是它一般只出现复韵母［ei］中，统计中发现也的确有很多/e/→［ei］的映射，这部分计入了增音。不过［ei］与［tɕ］、［tɕʰ］、［ɕ］、［tʂ］、［tʂʰ］、［ʂ］、［ʑ］、［tʰ］、［k］等辅音都不能相拼，但是英语源词中又有许多与［s］、［k］等辅音相拼的情况，因此增音之外的单纯元音置换也非常重要。只不过在置换时只能进行调整，将舌位下降到［a］。由于这些译词的语音置换为［a］是“没办法的办法”，因此在历时的筛选中有一定的稳定性，绝大部分得以保存下来。仅一例的/e/→［ɤ］是/e/位于音节首的情况，由于它不与其他辅音相拼，单音音质上与［ɤ］而不是［a］更相近，因此出现了 elemi/厄利米。至于现代汉语中新增的/e/→［i］（sago/西米），在晚清有西米、沙谷米等不同语音的竞争。其最终的选择结果，与其说是语音因素的制约不如说是语义导向的影响，sago 原产于马来群岛一带，其性质与“沙”相差甚远，倒是“西”所引发的“外国”联想更符合其外来身份。

总体来说/e/的元音置换比较有规律可循，但是/ɛ/的情况则不同。晚清时用以置换/ɛ/的语音有六种，如 Denmark/丹麦、Celt/色勒特族、Mexico/墨西哥等。这六种用于置换/ɛ/的语音中又并未有一种占有绝对性优势，历时演变的规律性也不明显。理论上说，/ɛ/→［ɛ］是比较理想的置换，但是汉语中的［ɛ］同样也不独立出现，一般与［i］或［y］一起形成［iɛ］或［yɛ］。因此，除非英语源词的语音环境与之非常相似（如 Beelzebub/别西卜），否则很少有/ɛ/→［ɛ］的情况出现。从晚清的整体情况来看，/ɛ/→［i］的情况似乎相对多一些，但是其中大部分都是方音官读导致的现象，例如 seraph/西啦咈等词，大部分在语音规范中消失。其他置换的语音，如［ɤ］、［ə］、［o］与/ɛ/虽都在中舌位上，但是语音相似度不如/i/和［i］那般高，因此都没有占据绝对性优势。从历时语音规范来看，除去音译变意译消失的音译词外，大部分保留下来的音译词仍沿用了晚清时期的词形，在语音上没有太大调整。因此可以说，/ɛ/在语音置换上规律性并不太强，也没有特别明显的规范倾向。

这两个元音也都有增音的情况出现。对于/e/而言，增音的根本原因在于/e/的音质。在美式英语中，/e/在发音时向/i/有轻微滑动，如 gate、mermaid、acre 等。它在听觉上与汉语中的［ei］比较相似，因此在借入时选用增音的方式将/e/变为［ei］是比较自然的一个选择。/ɛ/与汉语音位的相似度更低，因此增音也显现出了更多选择。它在增音方面的规律性也不突出。

/e/中还出现了一例删音，其原因主要是源词拼读不正确导致。Croatia 在词首辅音丛后出现 oa，而 oa 在英语里常读为/o/（如 load）或/ɔ/（如 abroad）。如果将 Croatia 读作/kroʃə/或者/krɔʃə/，那么译词的“克罗亚”是比较合理的。但是 Croatia 的实际发音却是/kro'eʃə/，即 o 与 a 各自发音。这样由于对源词语音掌握得不准确，汉语中出现了删音。

三、前低元音/æ/

英语中/æ/是前元音中舌位最低、口型最大的元音。发音时，舌尖抵下齿，舌前低低抬起。口腔张开度大，双唇向两边平伸成扁平状。软腭上升，气流从口腔中通过。在《英华大辞典》的词库中，/æ/共有 102 个，其中 64 个（占 62.74%）采用了置换的方法，31 个（占 30.39%）采用增音，无删音现象，7 个有多种语音形式。经过历时的发展，置换仍然是/æ/在汉语中的主要引入方式。其具体情况如下（见表 3-4）：

表 3-4　前低元音/æ/在汉语中的借入情况

译出方式 \ 译入音		/æ/			
		晚清		现代	
		数量	比例	数量	比例
置换	［a］	61	59.80%	56	74.67%
	［o］	1	0.98%	0	0.00%
	［ɤ］	0	0.00%	2	2.67%
	［ə］	2	1.96%	1	1.33%
置换小计		64	62.74%	59	78.67%

续表

译出方式＼译入音		/æ/			
		晚清		现代	
		数量	比例	数量	比例
增音	[an]	0	0.00%	2	2.67%
	[ai]	7	6.86%	0	0.00%
	[ei]	2	1.96%	1	1.33%
	[ia]	22	21.57%	11	14.67%
	[ua]	0	0.00%	1	1.33%
	[uo]	0	0.00%	1	1.33%
增音小计		31	30.39%	16	21.33%
删音（Ø）		0	0.00%	0	0.00%
借入倾向		[a] > [ia] > [ai] > [ə]、[ei] > [o]		[a] > [ia] > [ɤ]、[an] > [ə]、[ei]、[ua]、[uo]	

汉语中没有与/æ/完全相同的音。从语音位置来看，[a] 与/æ/同属低舌位音；从听觉感知上看，[a] 与/æ/有一定的相似性；从文字拼写来看，英语中几乎所有/æ/在词中都是字母 a 的读音；综合这几点因素，/æ/主要是以/æ/→ [a] 借入汉语。词库的统计结果也显示，/æ/的置换具有非常明显的倾向性，绝大多数词都是/æ/→ [a] 置换（manna/吗嗱、flannel/法兰绒/福兰绒、farad/法拉、等）。几个例外情况极有可能与词汇的语音输入渠道相关，例如“manganese/锰”以“Capuchin/克普侵（教徒）”中的对应用字在广东话和上海话中分别读作 [maang]、[haak] 以及 [man]、[k^heq]。相较之下，方言语音与源词语音更为接近。在晚清语音调整策略中，/æ/→ [ia] 的增音也较为明显，这同样也是方音官读导致的非常规借入，例如 Aryan/ˈɛriən/晚清时译名“亚利安人”中的“亚”在粤语中读作 [a] 而非 [ia]。当时流行的亚细亚、亚美利亚、亚非利加等译名，都是方言影响的结果。这些词有一部分约定俗成沿用下来，但也有一些在现代汉语中规范为了 [a]，如 Arab/亚喇伯→阿拉伯。剔除方音的影响，/æ/→ [a] 的置换趋势更为明显。

四、央元音/ə/与/ʌ/

英语中/ə/与/ʌ/也是一对有松紧对立关系的元音。在发/ə/音时，口腔介于半开半闭之间，舌中部稍抬起，舌部肌肉松弛，呈自然状态发音。由于/ə/只出现在弱读音节里，又被称为“非重读央元音”。相比之下，/ʌ/发音时，舌部肌肉更紧张，上下腭之间的间距较小。/ʌ/只出现在重读音节中，又被称为“重读央元音”。在美语中，/ə/与/ʌ/对应的单词拼写中带有 r 字母时，常需要卷舌，音标分别写作/ɚ/和/ɝ/。在《英华大辞典》所选词库中，英语源词中/ə/共出现 245 个，其中 183 个（占 74.69%）采用了置换的方法，41 个（占 16.73%）采用增音，12 个（占 4.90%）采用删音，9 个出现多种语音形式。源词中/ʌ/数量较少，共出现 27 个，其中 18 个（占 66.67%）用了置换的方法，6 个（占 22.22%）采用增音，没有出现删音的情况，3 个有多种语音形式。两元音在汉语中借入的情况如下（见表 3-5）：

表 3-5　央元音/ə/与/ʌ/在汉语中的借入情况

译出方式 \ 译入音		/ə/				/ʌ/			
		晚清		现代		晚清		现代	
		数量	比例	数量	比例	数量	比例	数量	比例
置换	[a]	86	35.10%	64	44.14%	3	11.11%	3	18.75%
	[o]	21	8.57%	8	5.52%	2	7.41%	0	0.00%
	[ɤ]	9	3.67%	9	6.21%	5	18.52%	2	12.50%
	[ə]	13	5.31%	8	5.52%	2	7.41%	1	6.25%
	[ɛ]	4	1.63%	2	1.38%	0	0.00%	0	0.00%
	[i]	22	8.98%	6	4.14%	0	0.00%	0	0.00%
	[u]	25	10.20%	5	3.45%	5	18.52%	8	50.00%
	[y]	3	1.22%	1	0.69%	1	3.70%	0	0.00%
置换小计		183	74.69%	103	71.03%	18	66.67%	14	87.50%
增音	[ai]	2	0.82%	4	2.76%	1	3.70%	0	0.00%
	[aŋ]	1	0.41%	1	0.69%	0	0.00%	0	0.00%
	[au]	3	1.22%	2	1.38%	0	0.00%	0	0.00%
	[ei]	2	0.82%	2	1.38%	2	7.41%	0	0.00%

续表

译出方式 \ 译入音		/ə/				/ʌ/			
		晚清		现代		晚清		现代	
		数量	比例	数量	比例	数量	比例	数量	比例
增音	[ia]	26	10.61%	24	16.55%	1	3.70%	0	0.00%
	[iɛ]	5	2.04%	0	0.00%	1	3.70%	0	0.00%
	[ou]	1	0.41%	0	0.00%	0	0.00%	0	0.00%
	[uan]	1	0.41%	0	0.00%	0	0.00%	0	0.00%
	[uo]	0	0.00%	2	1.38%	0	0.00%	2	12.50%
	[iu]	0	0.00%	1	0.69%	0	0.00%	0	0.00%
	[iaŋ]	0	0.00%	0	0.00%	1	3.70%	0	0.00%
增音小计		41	16.73%	36	24.83%	6	22.22%	2	12.50%
删音（Ø）		12	4.90%	6	4.14%	0	0.00%	0	0.00%
借入倾向		[a] > [ia] > [u] > [i] > [o] > [ə] > Ø > [ɤ] > [iɛ] > [ɛ] > [y]、[au] > [ai]、[ei] > [aŋ]、[ou]、[uan]		[a] > [ia] > [ɤ] > [o]，[ə] > [i]，Ø > [u] > [ai] > [ɛ]、[au]、[ei]、[uo] > [y]、[aŋ]、[iu]		[ɤ]，[u] > [a] > [o]、[ə]、[ei] > [y]、[ai]、[ia]、[iɛ]、[iaŋ]		[u] > [a] > [ɤ]、[uo] > [ə]	

由表可见，/ə/在汉语中的表现十分不稳定，所置换的汉语语音数量较多。国外学者的研究表示，/ə/在前后维度上的位置非常不稳定，因而其音质容易受到周围音节或音段环境影响，在发音上没有固定的目标(Bates，1995)。这也可能是/ə/借入汉语后形式较之其他元音更为多样丰富的原因。在《英华大辞典》所出现的音译词中，/ə/→[a]的置换较多；虽其占比不到一半，但较其他置换音比例更高，可视为主要倾向。这一趋势在历时的语音规范后更为明显，在置换中的比重提高至62.14%，超过半数。/ə/语音置换的影响因素中，语音音质显然占一部分，但是源词的字母拼写以及音节环境对其影响也比较大。在/ə/→[a]

组中，绝大多数/ə/都在源词中以字母 a 的形式出现，如 Thomas/多马、cougar/布玛豹、manna/吗嗱等。例外的情况仅出现两处，Plymouth/勃利马（教旨）和 Venus/维纳女神，前者在现代汉语中的对应用字由“马”改为了“茂”，出现复韵母［au］。在/ə/→［ɤ］组中，大部分源词总是以字母 e 表示/ə/音，如 shellac/舍来革、lavender/啦芬特香草、germanium/锗等。除源词拼写的影响外，音节的语音环境也会影响置换语音，例如/ə/→［o］组中，常是字母 o 发/ə/音。但是字母 o 也出现在/ə/→［u］组中，这主要是因为/ə/出现在了以/ən/为音节尾的闭音节中，以［o］置换/ə/不符合汉语的发音习惯，故采用［u］，如：Boston/包司敦城、Milton/宓尔顿/米尔敦、Macedon/马其顿，等。再如/ə/→［ɛ］中，都是因为英语词读音中/i/与/ə/前后连续出现形成/iə/，实际上是/iə/向［iɛ］的转换，如 Gilead/基列山、columbium/哥伦边金、Belial/彼列等。

重读央元音/ʌ/在词库中的数量并不多。晚清时期的语音置换倾向更加不清晰，没有一个置换元音的占比超过 20%。经过历时淘汰后，在现代汉语中似乎有/ʌ/→［u］的倾向，但由于样本数量太少，不能轻易下此结论。不过，有部分词从非［u］调整为［u］，而这些词几乎都是以字母 u 在单词中表示/ʌ/音（如 Dublin/答林→都柏林、Augustus/奥革司徒→奥古斯都、Sussex/色色克司→苏塞克斯）。这也许能从一方面说明，字母拼写对于/ʌ/的语音置换即便没有决定性的影响，但至少也是有比较重要的影响。

增音方面，/ə/→［ia］的情况比较多，这主要是因为在英语地名中有许多源词以/iə/结尾。在进入汉语时，中间的/i/分裂为两个，分别与/i/前的辅音和/i/后的/ə/构成音节。这类地名在汉语中最后一字都选用了“亚”字，有一定的系统性。除此类情况外，其他类型的增音规律性不强。在删音方面，两元音在晚清词汇中均有案例，但在现代汉语中数量大幅下降或者完全消失。在现代汉语中保留下的删音情况，也多与语义相关，例如 flannel/法兰绒、Edinburgh/爱丁堡中的删音都是由于最后一字选用了语义凸显度高的汉字而并未追求完全的语音转写造成的。

五、后高元音/u/和/ʊ/

英语中的后高元音有/u/和/ʊ/两个，也是一组有松紧对立的元音。/u/发音时舌后部向上隆起，舌头后缩，舌尖不接触下齿，口腔肌肉始终保持紧张状态，双唇呈圆形并向前突出。/ʊ/发音时舌头也后缩，但程度不及/u/，肌肉紧张程度也不及/u/。两者唇形相比，/u/发音时双唇收得更小更圆。在词库中，英语源词中/u/共出现 22 个，其中 17 个（占 77.27%）采用了置换的方法，4 个（占 18.18%）采用增音，没有出现删音的案例，1 个出现多种语音形式置换。源词中/ʊ/共出现 6 个，其中 3 个（占 50.00%）用了置换的方法，1 个（占 16.67%）采用增音的情况，没有出现删音，有 2 个出现多语音形式的置换。两元音在晚清时期的具体情况如下（见表 3-6）：

表 3-6　后高元音/u/与/ʊ/在汉语中的借入情况

译出方式＼译入音		/u/				/ʊ/			
		晚清		现代		晚清		现代	
		数量	比例	数量	比例	数量	比例	数量	比例
置换	[u]	14	63.64%	12	80.00%	2	33.33%	1	33.33%
	[o]	3	13.64%	0	0.00%	1	16.67%	1	33.33%
置换小计		17	77.27%	12	80.00%	3	50.00%	2	66.67%
增音	[au]	1	4.55%	0	0.00%	0	0.00%	0	0.00%
	[əu]	1	4.55%	0	0.00%	1	16.67%	1	33.33%
	[iɛ]	1	4.55%	1	6.67%	0	0.00%	0	0.00%
	[iau]	1	4.55%	0	0.00%	0	0.00%	0	0.00%
	[iu]	0	0.00%	2	13.33%	0	0.00%	0	0.00%
增音小计		4	18.18%	3	20.00%	1	16.67%	1	33.33%
删音（Ø）		0	0.00%	0	0.00%	0	0.00%	0	0.00%
借入倾向		[u] > [o] > [au]、[əu]、[iɛ]、[iau]		[u] > [iu] > [iɛ]		[u] > [o]、[əu]		[u]、[o]、[əu]	

这一组后高元音的样本量较少，尤其是/ʊ/仅有 8 个，不太具有代表

性。在/u/组中，借入策略仍以置换为主且倾向非常明显，主要是映射为汉语中的［u］，如fluorine/弗气、leucine/路新、pood/布特等。这与/u/和［u］本身的音质有关。从《英华大辞典》中的译词来看，/u/和/ʊ/松紧对立的区别性特征不能在汉语中得到有效反映，尤其是/ʊ/组数量太少，在汉语中的借入呈分散状。不过，这组后高元音在汉语中的置换元音只有［u］和［o］两个，均为圆唇元音，这也间接说明，在语音置换时唇形圆展这一特征是非常重要的保留特征。从舌位来看，/u/或/ʊ/可能打破舌位高低的限制从高元音变为央元音［o］，但是并未发现其打破前后限制借为［y］的情况。现代汉语中有“曲奇”一词，是对cookie/ˈkuki/的音译，似是/u/→［y］的置换。但笔者认为，该词最早是从粤语输入的而“曲”在粤语中发音为［kuk］，并不能说明它打破了舌位前后的限制。

六、后中元音/o/与/ɔ/

英语中的后中元音/o/和/ɔ/是一对有松紧对立的圆唇元音。在美语中，/o/起始音的舌位在舌后中等高度，发音时双唇收圆，舌位渐渐抬高，向/u/滑动。/ɔ/的舌位较低，开口度较大，音长短促。在本书词库中，英语源词中/o/共出现55个，其中31个（占56.36%）采用了置换，17个（占30.91%）采用增音，没有删音案例，7个出现多种语音形式。源词中/ɔ/共出现37个，其中18个（占48.65%）用了置换，19个（占51.35%）采用增音，没有出现删音和多种语音形式的情况。总体上说，该组元音在引入汉语时，更倾向于选择置换的方法，其次是增音，但二者之间的差距并不十分显著。具体情况如下（见表3-7）：

表3-7　后中元音/o/与/ɔ/在汉语中的借入情况

译出方式＼译入音		/o/				/ɔ/			
		晚清		现代		晚清		现代	
		数量	比例	数量	比例	数量	比例	数量	比例
置换	［a］	3	5.45%	3	7.32%	5	13.51%	3	11.54%
	［o］	14	25.45%	3	7.32%	4	10.81%	4	15.38%
	［ɤ］	0	0.00%	9	21.95%	1	2.70%	3	11.54%
	［ə］	1	1.82%	0	0.00%	1	2.70%	1	3.85%

续表

译出方式 \ 译入音		/o/				/ɔ/			
		晚清		现代		晚清		现代	
		数量	比例	数量	比例	数量	比例	数量	比例
置换	[ɛ]	1	1.82%	1	2.44%	1	2.70%	1	3.85%
	[i]	1	1.82%	1	2.44%	0	0.00%	0	0.00%
	[u]	11	20.00%	9	21.95%	6	16.22%	2	7.69%
置换小计		31	56.36%	26	63.41%	18	48.65%	14	53.85%
增音	[au]	3	5.45%	2	4.88%	8	21.62%	5	19.23%
	[aŋ]	0	0.00%	0	0.00%	1	2.70%	1	3.85%
	[əu]	6	10.91%	2	4.88%	1	2.70%	0	0.00%
	[ia]	0	0.00%	0	0.00%	3	8.11%	1	3.85%
	[iau]	0	0.00%	0	0.00%	0	0.00%	2	7.69%
	[ua]	1	1.82%	0	0.00%	1	2.70%	0	0.00%
	[uan]	1	1.82%	0	0.00%	0	0.00%	0	0.00%
	[uo]	6	10.91%	11	26.83%	5	13.51%	3	11.54%
增音小计		17	30.91%	15	36.59%	19	51.35%	12	46.15%
删音（Ø）		0	0.00%	0	0.00%	0	0.00%	0	0.00%
借入倾向		[o] > [u] > [əu]、[uo] > [a]、[au] > [ə]、[ɛ] > [i]、[ua]、[uan]		[uo] > [ɤ]、[u] > [a]、[o] > [au]、[əu] > [ɛ]、[i]		[au] > [u] > [a]、[uo] > [o] > [ia] > [ɤ]、[ə]、[ɛ]、[aŋ]、[əu]、[ua]		[au] > [o] > [a]、[ɤ]、[uo] > [u]、[iau] > [ə]、[ɛ]、[aŋ]、[ia]	

从表中可以看出，/o/在借入方式上以置换为主，/ɔ/采用置换和增音的数量不相上下。两个元音在置换时规律性并不是很强。置换元音数量多且并没有哪一个元音占有绝对优势。词库中/o/→［o］的置换比较常见，如 ammonia/阿摩尼亚、Poland/波兰等。但是，在现代汉语中这一比例有所下滑，这主要与汉字读音的演变有关。在晚清传教士词典和文

献中，哥、和、啰等字的韵母标注为［o］，因此 morocco/麻啰哥皮、hosanna/和撒那、aloin/哑啰精等词都计入了/o/→［o］组中。但是，由于北京话的展唇化，它们的现代读音发生变化，因此，虽然用字并未更改，但却分别计入了/o/→［ɤ］、/o/→［ɤ］以及/o/→［uo］组中。从/u/的发音特点来看，/u/为圆唇音，因此借入为圆唇音［u］、［o］或含有圆唇音的韵母数量较非圆唇音多一点，这说明在后央元音的借入中，唇形是一个比较重要的影响因素。不过并非所有借入的/u/音都是官话音，有可能是从方言借入的［ou］，例如，在粤语中“苏打”的“苏”音为［sou］，“Dover/屠浮”的“屠”音为［tou］。这些词的粤语发音与英语发音更为相近。

/ɔ/的置换规律较之/o/更弱一些，所对应的五个置换元音比例相差不大，没有主流置换倾向。［a］、［o］、［u］较之［ɤ］、［ə］、［ɛ］数量稍多一些。其中，［u］与［o］同/u/一样是圆唇音，从发音方式上看是比较符合逻辑的置换，而［a］无论是舌位高低还是唇形圆展与/ɔ/的差距都很大，因此，很难说元音的发音方式或音系地位影响了/ɔ/的置换语音。从历时的语音调整来看，有/ɔ/→［u］变为/ɔ/→［o］的（Portland/卜特兰岛→波特兰），也有/ɔ/→［o］变为/ɔ/→［u］的（California/喀利佛捏省→加利福尼亚），同样没有呈现出较有规律的语音调整倾向。可以说，虽然/ɔ/与/o/是一组有松紧对立关系的元音，但是由于/ɔ/与汉语语音差异更大，它的“汉化”表现就更为杂乱一些。

两元音在增音时的规律性也不太强，对应的最主要的复元音为［au］、［uo］和［əu］，这几个汉语韵母与英语源词元音之间的近似度相对高一些。两元音均未出现删音现象。

七、后低元音/ɑ/

后低元音/ɑ/与汉语中［a］音比较接近，舌位在中后部。发音时口腔打开，舌头平躺在口腔下部，且舌中部微微下压。两者在语音以及各自音系中的表现比较一致。在《英华大辞典》的词库中，/ɑ/共有 61 个，其中 47 个（占 77.05%）采用了置换的方法，13 个（占 21.31%）采用增音，没有删音的情况，有 1 个出现多种语音形式的置换。其具体情况如下（见表 3-8）：

表 3-8　后低元音/ɑ/在汉语中的借入情况

译入音 / 译出方式		/ɑ/			
		晚清		现代	
		数量	比例	数量	比例
置换	[a]	30	49.18%	18	40.91%
	[o]	11	18.03%	6	13.64%
	[ɤ]	1	1.64%	0	0.00%
	[ə]	1	1.64%	1	2.27%
	[u]	3	4.92%	1	2.27%
	[y]	1	1.64%	1	2.27%
置换小计		47	77.05%	27	61.36%
增音	[ai]	2	3.28%	1	2.27%
	[au]	3	4.92%	0	0.00%
	[əu]	2	3.28%	1	2.27%
	[ia]	6	9.84%	5	11.36%
	[uo]	0	0.00%	10	22.73%
增音小计		13	21.31%	17	38.64%
删音（∅）		0	0.00%	0	0.00%
借入倾向		[a] > [o] > [ia] > [u]、[au] > [ai]，[əu] > [ɤ]、[ə]、[y]		[a] > [uo] > [o] > [ia] > [ə]、[u]、[y]、[ai]、[əu]	

由于英汉语音发声与听觉的相似性，后低元音/ɑ/在晚清主要置换为[a]，如 palm-oil/巴勒麻油、Sparta/斯巴达等，这一趋势随着时间的推移有所加强。除［a］外，/ɑ/置换为［o］的情况排在第二位。这里需要注意的是，从源语的发音来看，/ɑ/带卷舌时对应英音中的长元音/ɑː/，在不带卷舌的字母“o”的闭音节中对应英音中的/ɒ/。在一些词汇中，北美人的发音仍偏向英音中的/ɒ/，舌位向/ɔ/偏移。中国人在听辨时，有可

能无法准确区分，以为是/o/或/ɔ/，因此在转换时选择了［o］，如Scotland/苏革兰、Hobbes/霍布师、Pharos/肥罗灯等，这里同样要注意革、霍、罗等字的读音与现代音不同。在历时规范中，虽然大部分情况下是向/ɑ/→［a］聚拢，但也有个别词由于实际发音与/o/更相似而选择了/ɑ/→［o］，如Polynesia/剖利尼些→波利尼西亚。增音时以［ia］居多，而这主要是因为晚清地名有许多首先通过粤语转入。以/ɑ/为词首的音节在粤语中用“亚”字（粤语为［a］），在官话中字不变音变，所以导致出现了一些/ɑ/→［ia］的情况出现。该元音同样也没有出现增音现象。

第三节　晚清英源音译词的辅音考察

一、塞音/p/、/b/、/t/、/d/、/k/、/g/

塞音是最基本的一种辅音发音方式。英语有三对清浊对立共六个塞音，汉语中同样也有三对六个塞音，发音部位与英语一样。不同的是，汉语的塞音在发音的第二、三阶段声带均不产生振动，是清辅音。汉语中每对塞音以送气/不送气为区别性特征，标音时一般送气音以ʰ或‘符号标记。

在具体的发音过程中，英语的/p/、/t/、/k/三个清辅音处于单词中不同位置时，又有相应送气/不送气特征的。从严式标音的角度来看，英语的清塞音可以分为清送气塞音［pʰ］、［tʰ］、［kʰ］和清不送气塞音［p］、［t］、［k］两种，两组塞音的语音分布呈互补关系。由于送气与否并非英语中限定音位的区别性特征，因此不能反映或区分意义。但是汉语中送气/不送气是可以区别音位的语音特征的。从听觉角度来看，英语的清送气塞音和汉语的送气塞音非常相似，只不过送气的感觉没有汉语那么强烈（Kane，2006：140-142）。另一组清不送气塞音则与汉语的不送气塞音有一定的相似度。因此，在清塞音的语音借入上，有可能出现英语清不送气塞音和送气塞音分别转换为汉语中不送气和送气的塞音。

英语的浊辅音/b/、/d/、/g/在发音时，也有不同的表现形式：位于词首时，浊辅音不完全发声；位于两元音中间时，完全发声为全浊；位于词尾清化，轻微发声或不发生。浊辅音在发声过程中并没有出现送气现象。汉语中没有清浊对立的概念，是否会采用其他手段表现浊音？在音译时，一般译出语总是试图反映译入语原有的语音特征。出现相应特征空缺时，可以采用“异化”的方式直接借用译入语的特征，也可以用目的语本身的语音特征来表现译入语中的语音对立。英语清浊的对立，有可能被汉语解释为送气/不送气的对立。浊辅音很有可能被转换成汉语的清不送气塞音。为了更清晰地观察清浊塞音在《英华大辞典》音译词中的表现以及演化的方向，笔者根据其具体的发音，细化出四种情况，具体表现如下（见表 3-9）：

表 3-9　塞音在汉语中的置换情况

			送气→送气		送气→不送气		不送气→送气		不送气→不送气		
		时间	数量	比例	数量	比例	数量	比例	数量	比例	总数
清塞音	/p/	晚清	7	21.21%	18	54.55%	2	6.06%	6	18.18%	33
		现代	7	19.44%	17	47.22%	6	16.67%	6	16.67%	36
	/t/	晚清	6	9.38%	5	7.81%	24	37.50%	29	45.31%	64
		现代	6	12.50%	3	6.25%	22	45.83%	17	35.42%	48
	/k/	晚清	24	23.08%	29	27.88%	23	22.12%	28	26.92%	104
		现代	22	30.56%	17	23.61%	16	22.22%	17	23.61%	72
小计		晚清	37	18.41%	52	25.87%	49	24.38%	63	31.34%	201
		现代	35	22.44%	37	23.72%	44	28.21%	40	25.64%	156
浊塞音	/b/	晚清	0	0.00%	0	0.00%	4	11.11%	32	88.89%	36
		现代	0	0.00%	0	0.00%	2	6.25%	30	93.75%	32
	/d/	晚清	0	0.00%	0	0.00%	9	18.00%	41	82.00%	50
		现代	0	0.00%	0	0.00%	3	7.50%	37	92.50%	40
	/g/	晚清	0	0.00%	0	0.00%	0	0.00%	28	100.00%	28
		现代	0	0.00%	0	0.00%	0	0.00%	18	100.00%	18
小计		晚清	0	0.00%	0	0.00%	13	11.40%	101	88.60%	114
		现代	0	0.00%	0	0.00%	5	5.56%	85	94.44%	90

在清塞音组中，/p/、/t/、/k/上述四种情况都有出现。以双唇音/p/为例，Palestine/拍立司丁、Paros/派罗岛、picoline/皮哥里尼等是送气音→送气音的转换，president/柏理玺天德、pudding/布丁、Poland/波兰等是送气音→不送气音的转换，Olympia/欧林撇和 Shakespeare/沙克皮耳/沙士披里是不送气音→送气音的转换，而 Sparta/斯巴达、comprador/康伯度、Cupid/柯璧则是不送气音→不送气音的转换。在晚清音译词中，源词中的送气/p/以送气音→不送气音的数量较多，且明显多于送气音→送气音。这一点与其他清塞音有明显的区别，带有一定的时代特点。不过，从历时的调整来看，将送气音变为送气音以及将不送气音变为送气音的情况兼而有之，且二者数量相差无几。由于晚清时期保存下来的该组词也比较多，故而现代组中送气音→不送气音比例相对较高的现象属于历史“遗留”的结果。/t/组中四类的情况更为均衡一些。/k/组中，其对应的置换音除了［kʰ］与［k］之外，还出现了［tɕ］，尤其是音节［tɕia］，这一现象多与输入渠道有关。粤语中［tɕia］大多读为［ka］，calomel/迦路米、America/亚美利加、alkalies/亚尔加里等情况都是如此，粤音官读是非常规情况出现的直接原因。不过，不论是粤音还是官音都是不送气音，对于结果的统计并不造成太大的影响。而且，在/k/→［tɕ］组中，［kʰ］→［tɕ］与［k］→［tɕ］的数量也大体持平。这也说明，不论是方言还是官话，都没有严格地以汉语中的送气与否对应英语的送气特点。

从整个清塞音组的情况来看，四种形式的比例相差不大，没有形成明显的转化倾向，它们之间的差距在现代汉语中愈发缩小。在晚清某些词的音译上，还出现送气和不送气的两种译音形式同时存在的情况，如 Mississippi 译为“密西西皮（送气）”、“米西西比（不送气）”。造成这一现象的原因可能有两个：其一，语言习得者可能并未真正掌握英语清塞音在词的不同部位送气与否的特征。特别是在晚清，国际音标尚未问世，语音的学习除了通过教师的面授外，就是根据单词的拼写规则来“自然拼读”。一旦规则掌握不好，很容易形成不正确的读音。其二，从音系上看，英语中的对立关系是清浊特征，而非送气与否。很有可能汉语中用音位对立关系来映射英语的音位对立关系，即用汉语的送气/不送气来表示英语中的清浊。至于英语中的送气与否只是发音上的方法略有区别而已，并不构成音位对立的特征，因此这一次要特征并未在音译中得以保留。

浊塞音的情况相对简单一些。与清塞音类似，浊塞音在不同位置时发音也有区别：位于词首的浊塞音不完全发声；位于两元音之间的浊塞音完全发声；位于词尾的浊塞音清化，轻微发声或不发声。不过，浊塞音的这些发音特征都不涉及是否送气的问题，且其浊化的程度对于语音听辨和感知没有太大的重要性。因此，在音译词中只出现了不送气→送气以及不送气→不送气这两种情况，如derby/德尔比、sardine/撒颠鱼/沙定鱼、gorilla/哥利拉等属于不送气→不送气，而boron/硼精、Dover/屠浮则属于不送气→送气的情况。从二语习得的过程来看，习得者常借助于母语的发音、词义、结构规则或习惯来表达思想。在语音层面上，容易发生音韵变迁，也就是说母语音韵通常会进入外语习得中，习得者的母语音韵结构将会影响外语的语音感知和外语口语。由于汉语中没有清浊对立的特征，以汉语为母语的人在区分清浊对立时容易将其理解为汉语中送气/不送气的音位区别性特征。从上表的统计结果来看，也符合这一特点，绝大多数的浊塞音在词尾时借为汉语中的不送气塞音。例外的情况中，有些是受翻译策略的影响，例如人名Banting的首音节为/bæn/，借入为“彭”，符合当时人名翻译的归化倾向。马礼逊、罗存德、卫三畏等来华传教士，都是选取与首音节相似的汉语姓氏起名，选用“彭”字译姓很容易得到社会接受和认可。有些反例则是受汉语文字书写和语义联想的影响，如总统一词president，音译为“柏理玺天德”，所选的五个字在汉语中均可解释为积极正面与权力者相关的事物或品质，最后一个音节［dənt］在汉语中也可选“等”“灯”等字，但其含义都不及“天”。

从塞音组可以看出的是，用送气特征置换清浊特征是塞音组置换最主要的特点。由于浊塞音发音规则更加简单，其最终置换的一致性要远强于规则更为复杂的清塞音。

除置换外，塞音组还有增音和删音的情况出现。二者在音节的不同位置表现不同，具体情况如下（见表3-10）：

表 3-10　塞音在汉语中的增、删音情况

译入音 / 译出方式		音节首				音节尾			
		晚清		现代		晚清		现代	
		数量	比例①	数量	比例	数量	比例	数量	比例
/p/	+[o]	2	5.71%	0	0.00%	2	5.71%	0	0.00%
	+[u]	1	2.86%	2	5.41%	2	5.71%	3	8.11%
	Ø	0	0.00%	0	0.00%	1	2.86%	0	0.00%
/b/	+[o]	1	2.70%	0	0.00%	1	2.70%	1	3.13%
	+[u]	0	0.00%	1	3.13%	1	2.70%	2	6.26%
	Ø	0	0.00%	0	0.00%	1	2.70%	0	0.00%
/t/	+[ɤ]	0	0.00%	1	2.08%	8	10.81%	9	18.75%
	+[a]	0	0.00%	0	0.00%	2	2.70%	1	2.08%
	+[u]	0	0.00%	0	0.00%	3	4.05%	3	6.25%
	+[i]	1	1.35%	0	0.00%	0	0.00%	0	0.00%
	+[uo]	0	0.00%	0	0.00%	7	9.46%	0	0.00%
	Ø	0	0.00%	0	0.00%	6	8.11%	2	4.17%
/d/	+[ɤ]	0	0.00%	0	0.00%	8	11.27%	9	16.67%
	+[i]	0	0.00%	0	0.00%	4	5.63%	0	0.00%
	+[u]	1	1.41%	0	0.00%	0	0.00%	0	0.00%
	Ø	0	0.00%	0	0.00%	18	25.35%	13	24.07%
/k/	+[o]	0	0.00%	0	0.00%	18	15.38%	9	11.84%
	+[ɤ]	0	0.00%	0	0.00%	0	0.00%	9	11.84%
	+[i]	0	0.00%	0	0.00%	2	1.71%	2	2.63%
	+[a]	1	0.85%	1	1.32%	0	0.00%	0	0.00%
	+[au]	1	0.85%	0	0.00%	0	0.00%	0	0.00%
	Ø	0	0.00%	0	0.00%	7	5.98%	4	5.26%

① 在各自音位中的占比。

续表

译入音 译出方式		音节首				音节尾			
		晚清		现代		晚清		现代	
		数量	比例	数量	比例	数量	比例	数量	比例
/g/	+ [o]	0	0.00%	0	0.00%	2	6.45%	1	5.26%
	+ [ɤ]	0	0.00%	0	0.00%	0	0.00%	1	5.26%
	ø	0	0.00%	0	0.00%	0	0.00%	0	0.00%

从音节的位置来看，位于音节尾的辅音比音节首的辅音更容易发生增音或删音的现象。音节首的增音主要是为了保留辅音丛中的两个辅音，而音节尾主要是为了实现音节合法性。晚清时双唇音和软腭音在增音时大多选择圆唇元音，而齿龈音则主要选择非圆唇元音。这说明，辅音所增元音的选择与发音部位有比较密切的关系。不过，在汉语的历时语音变化中，部分含［o］的韵母出现展唇化变为［ɤ］，因此在现代汉语中发音部位与元音音质之间的关系并不如晚清组明显。

塞音组的删音现象也比较突出。从语音层面上而言，塞音是所有英语元音和辅音中响度层级最低的（Clements，1990：283-333），因此，音节尾塞音的删除并不十分明显。不过，从统计情况来看，增音的情况远多于删音，晚清组删音要多于现代组删音，这表明在去与留之间，汉语在译入时倾向于留。从删音的类型来看，有纯粹单个辅音（如 Scotland/苏革兰），也有辅音丛中某个辅音的删除（如 picrotoxin 和 Huxley 都是在［ks］中选其一）。此外，有一些方言途径的音译词也比较特殊，官读时确实删除了塞音，但一旦放入方言语音环境下考察，便不难发现塞音以其原本的形式出现，既未增音也未删音，如 chocolate 译词“初高辣”和 carat 译词“加辣”中“辣”在粤语中读作［lat］。若将这一情况考虑在内，那么删音的数量还要更少一些。

二、擦音/f/、/v/、/θ/、/ð/、/s/、/z/、/ʃ/、/ʒ/、/h/

根据声道狭窄部位的不同，英语擦音可以分为清浊四对半。清擦音/f/、/θ/、/s/、/ʃ/发音时肌肉紧张用力，持续时间长且声带不振动；浊擦音/v/、/ð/、/z/、/ʒ/发音时肌肉用力程度较清擦音小，持续时间较短并且声带发出低频振动；声门音/h/也是清擦音，但是它一般情况下不发声，且英语中没有相同部位的浊擦音。同塞音类似，英语的擦音也有比较工整的清浊对立。它与汉语的擦音有相似的成分，也有完全不同的地方。在词库中，擦音组的置换情况如下（见表3-11）：

表3-11 擦音在汉语中的置换情况

译入音	译出音	晚清		现代		示例（晚清）
		数量	百分比	数量	百分比	
/f/	[f]	31	93.94%	22	100.00%	rifle/来福枪、farad/法拉
	[p]	1	3.03%	0	0.00%	lymph/林剖
/v/	[f]	17	70.83%	6	31.58%	nerve/涅伏结、slav/司拉弗
	[w]	7	29.17%	13	68.42%	Venus/维纳女神、levi/利未
/θ/	[tʰ]	9	69.23%	6	85.71%	ether/以太、methyl/米替
	[t]	1	7.69%	0	0.00%	xanthic acid/散丁酸
	[tɕʰ]	1	7.69%	1	14.29%	Bentham/边沁
	[f]	1	7.69%	0	0.00%	Scythia/西斐亚
	[s]	1	7.69%	0	0.00%	threnody/萨露歌
/ð/	（无数据）					
/s/	[s]	48	45.28%	40	53.33%	cement/塞门德、silicon/硅
	[ʂ]	20	18.87%	12	16.00%	santonin/山道年
	[ɕ]	35	33.02%	19	25.33%	acetamide/阿西他阿美弟
	[tɕ]	2	1.89%	1	1.33%	colchicum/哥枝禁
	[tɕʰ]	1	0.94%	1	1.33%	Macedon/马其顿
	[ʐ]	0	0.00%	2	2.67%	Swiss/瑞士国
/z/	[s]	10	41.67%	7	46.67%	hosanna/和撒那
	[ʂ]	7	29.17%	2	13.33%	Elizabeth/伊莱沙伯
	[ɕ]	7	29.17%	6	40.00%	NewZealand/新西兰
/ʃ/	[ʂ]	8	66.67%	3	37.50%	shellac/舍来革
	[ɕ]	2	16.67%	4	50.00%	shilling/先令
	[tɕ]	1	8.33%	0	0.00%	Richard/立加
	[t]	1	8.33%	1	12.50%	Byzantium/比散替恩
/ʒ/	[s]	0	0.00%	1	50.00%	（晚清无）
	[ɕ]	2	66.67%	1	50.00%	Polynesia/剖利尼些
/h/	[x]	16	84.21%	12	85.71%	halogen/哈罗琴
	[ɕ]	2	10.53%	2	14.29%	Himyarite/喜密力民族
	[tɕʰ]	1	5.26%	0	0.00%	Hastings/恰司丁司

擦音虽然也有清浊之分，但是无论它们出现在音节的哪个位置，都不会如塞音那般产生送气与否的语音变化，因此它的整体情况相对简单明了。英语中/f/在汉语中有对应的［f］，都是靠上齿和下唇发音的唇齿清擦音，听觉感知也比较相似。从置换的情况来看，英语的/f/绝大多数转换为了汉语的［f］，唯一的例外情况/f/→［p］（lymph/林剖）在历时发展中也消失了，使得晚清音译词在现代汉语中/f/→［f］的置换达到了100%。这是最为简便且忠实的置换，比较符合逻辑。除/f/之外的其他擦音与汉语中的音多少有些差别，因而转换形式并不唯一。

唇齿音/v/是与/f/相对的浊擦音。正如在塞音组看到的那样，由于汉语中不区分清浊，因此有清浊对立关系的音可能置换为汉语中相同的音。从《英华大辞典》音译词的表现来看，当时大部分/v/转变为了清擦音［f］，如nerve/涅伏结、slav/司拉弗，二者发音部位和方式相同，只有声带是否振动的区别，还有一部分/v/置换为了半元音［w］。在现代汉语中/v/与［w］听觉感知比较类似，北京话里［w］与［v］可以看作是/w/音位的自由变体，如“文”读作［wən］或［vən］并不影响意义的理解。随着时间的发展，/v/在汉语中的置换音并未发生改变，仍是［f］和［w］两个。不过，二者的比例却发生了很大变化，在晚清，/v/→［f］占/v/所有置换的70.83%，而这一比例在现代下降至31.58%；另一方面，/v/→［w］从29.17%上升至68.42%，成为/v/置换中的首位。许多以往置换为［f］的词也变为了［w］，例如Bolivia/玻利非亚→玻利维亚、Venice/非尼司→威尼斯、Scandinavia/士开笛奈非亚→斯堪的纳维亚等，上述调整与方言对共同语的影响有一定关系。在1850年前后，北京话逐渐成为官话的基础语音，但是旧时官话正音的影响仍然有所存留(张卫东，2002：15-23)。吴语等部分南方方言是区分［w］与［v］的。到了现代，旧时南方方言语音对共同语的影响就比较弱了，而北方方言尤其是北京话的影响更加强势，北京话中［w］和［v］为同一音位自由变体的特点间接推动/v/的置换向［w］聚拢。

齿间音/θ/是汉语中的空缺音位，因此其置换形式更加多样。在晚清词库中，大部分的/θ/置换为了清塞音［t^h］，这或与其发音部位和方式有关。以擦音/θ/来说，其发音的部位是舌尖和上齿背，［t^h］的发音部位主要是舌和上齿龈。此外，擦音/θ/发音时有气流从齿和舌之间通过，带有送气因素，而［t^h］本身就是送气音。因此，从发音部位和气流感知来说，两者有一定的相似性。除［t^h］外，/θ/还可能置换为塞音［t］、擦音［f］或者塞擦音［$tɕ^h$］等，不过都仅有一例不具有代表性。而且，这几例都带有方音影响的痕迹，只有人名“Bentham/边沁”存留下来。与/θ/有清浊对立关系的/ð/在《英华大辞典》词库的源词中并没有，因此其语音借入规律暂不明了。

齿龈音/s/与汉语［s］发音部位近似，听觉感知也相似，因此有理由认为/s/到［s］的转换在齿龈音/s/中占大多数。从《英华大辞典》中的音译词数据来看，/s/→［s］在晚清已经占到/s/置换的近一半左右。在经过历时的发展后，该比例上升至53.33%，说明/s/→［s］的置换的确是/s/最主要的置换和规范方向。除了［s］外，［ɕ］和［ʂ］在/s/的置换中也占有比较高的比例（如Mississippi/密西西皮/米西西比、cyclamen/沙克赖等）。通过观察发现，一般/s/出现在含有前高元音的音节形成/si/或/sɪ/时比较容易置换为［ɕ］，汉语中［s］不能与［i］相拼，故而在这些音节中的擦音/s/需要寻找其他的转换途径。从听觉感知来讲，［s］、［ɕ］、［ʂ］三者同属擦音中的嘶擦音，听感相似。发音时，除了气流在窄道间摩擦外，舌头拉长，将气流带到牙齿的尖处造成更高频率的湍流。在与/i/的组合中，以［ɕ］的选择更为常见，［ʂ］次之。同时，/s/置换为［ɕ］和［ʂ］也不能完全排除方言的影响，比如源自吴语的“雪茄”，上海话和苏州话中的“雪”都为［sih］，只不过方音官读后变为了［ɕyɛ］；再例如，粤语借入的“发士苓”中“士”发音为［si］，这类/s/→［ʂ］也是方音官读的结果。在历时的语音调整中，有许多词的置换回归到了/s/→［s］（例如gypsy/支波西族→吉普赛人、Stuart/士徒尔脱→斯图亚特等）。整体而言，/s/的置换是比较有规律的。

与/s/相对的浊辅音/z/在汉语中也属于空缺音位。同/f/与/v/情况类似，浊辅音在置换时容易向清辅音的置换方向靠拢。晚清词库中/z/→［s］在/z/的置换中占了40%左右，而历时发展后比例上升至46.67%，处于一定的优势地位。在/z/→［s］外，/z/的置换中分列二、三位的分别为/z/→［ɕ］与/z/→［ʂ］，与/s/的置换排名完全一样。这一对辅音的清浊区别既无法像塞音组一般通过汉语送气与否的特征表达，也不像/f/与/v/一样有相似音位可以替换区分，因而呈现出了很大的趋同性。

龈后音/ʃ/是汉语中的空缺音位，因此置换情况也比较复杂。空缺音位在音译中首先考虑语音近似性。由于/ʃ/是一个嘶擦音，它有可能选择汉语中的嘶擦音［s］、［ɕ］、［ʂ］作为置换对象。从词库的统计结果来看，有/ʃ/→［ɕ］以及/ʃ/→［ʂ］两种映像，但是没有/ʃ/→［s］①。这主要是因为虽然［s］也是嘶擦音，但它的发音部位主要在舌尖部位，与/ʃ/相差较大。至于/ʃ/→［tʰ］的转换，只出现一个孤例，很可能是由于误读造成的。Byzantium 和 Byzantine 同源，分别指古拜占庭城和拜占庭人。由于读作/ˈbɪzənˌtin/的 Byzantine 既是名词又是形容词，出现频率更高，容易让人误以为 Byzantium 与之读音相似读为/ˈbɪzənˌtiən/，那么/t/→［tʰ］就是很自然的选择。从字形上进行拼读也容易将最后一个音节读作/tiən/。但是实际上，Byzantium 读作/bɪˈzænʃiəm/。出现的/ʃ/→［tʰ］很有可能是误读造成的结果。

与/ʃ/相对的浊辅音/ʒ/在源词中仅出现两例，数量着实太少，无法从中对其规律进行判断。这两例都是/ʒ/→［ɕ］的情况，置换音仍然为嘶擦音。不过由于词库中仅有的两例均受方音影响，故而也不能就此对/ʒ/的置换下肯定的结论。

声门音/h/与汉语 h［x］的发音方式有所差别，但是听感较为相似，因此/h/→［x］的映射比较普遍，从晚清到现代的占比都维持在 80%以上的高位，规律性比较强。但是同时也存在/h/→［ɕ］和/h/→［tɕʰ］的情况，不过都比较罕见，且从官话语音上找不到转换的依据。其中/h/→［tɕʰ］的例子 Hastings/恰司丁司是粤语的输入渠道，粤语读音为［hap-si-tiŋ-si］，更接近英语读音。在词汇发展过程中，原本方音官读的译词也被“纠正”为“黑斯廷斯”，顺应主流的/h/→［x］置换。

与擦音组类似，塞音组也有增音和删音出现，主要出现在音节尾的辅音上。增音总体上多于删音（见表 3-12）：

① 于辉对现代汉语音译词的统计中仅出现一例/ʃ/→［s］映射：Persian→波斯。笔者查证后发现，此例有误。其一，波斯一词并非是英语译入汉语的结果。唐代文献就已经出现“波斯”一词。如《三国典略》记载：“西魏孝武将为齐太祖所杀，孝武索所乘波斯骝马，命太宰南阳王跃之。”其二，于辉在前文中言明英语词采用美式读音，但在 Persian 一词标音时却采用了英式的读音/ˈpəʃən/而非美式/ˈpɝʒə/。故此例用例不当，/ʃ/→［s］映射并未出现。

表 3-12　塞音在汉语中的增、删音情况

译入音 / 译出方式		音节首				音节尾			
		晚清		现代		晚清		现代	
		数量	比例	数量	比例	数量	比例	数量	比例
/f/	+[a]	1	2.56%	0	0.00%	0	0.00%	0	0.00%
	+[u]	1	2.56%	1	4.00%	0	0.00%	2	8.00%
	+[ei]	1	2.56%	0	0.00%	1	2.56%	0	0.00%
	Ø	0	0.00%	0	0.00%	1	2.56%	0	0.00%
/v/	+[u]	0	0.00%	0	0.00%	2	8.00%	1	5.26%
	Ø	0	0.00%	0	0.00%	0	0.00%	0	0.00%
/θ/	+[ɤ]	0	0.00%	0	0.00%	1	7.69%	1	14.29%
	Ø	0	0.00%	0	0.00%	1	7.69%	1	14.29%
/ð/	（无）								
/s/	+ [i]	7	4.24%	5	4.55%	32	19.39%	41	37.27%
	+ [u]	1	0.61%	1	0.91%	0	0.00%	0	0.00%
	Ø	0	0.00%	0	0.00%	11	6.67%	3	2.73%
/z/	+ [i]	0	0.00%	0	0.00%	5	14.71%	7	30.43%
	Ø	0	0.00%	0	0.00%	2	5.88%	2	8.70%
/ʃ/	Ø	0	0.00%	0	0.00%	2	16.67%	1	12.50%
/ʒ/	Ø	0	0.00%	0	0.00%	1	33.33%	1	33.33%
/h/		（无）							

增音的选择与辅音的发音方式也有一定关系，例如唇齿音/f/和/v/主要增加的是圆唇元音［u］，在辅音发音时各部位已经为元音发音做好准备，能够以最省力的方式增音。齿龈音/s/和/z/增加的主要是舌尖音［ɿ］、［ʅ］，汉语中都属于［i］音位，元音与辅音的发音部位接近。齿间音/θ/在汉语里没有近似音，增加的元音取决于/θ/置换后的辅音。在词库数据中，仅有一例/θ/增音，辅音置换为［t^h］，其增加元音为［ɤ］，与塞

音组趋势一致。删音方面，除/s/外其他辅音的删音在各组中数量都很少。/s/的删音中有一点值得注意，即/s/可以和不同的辅音形成辅音丛。塞音的语音感知最弱，容易在辅音丛中被删除，擦音的语音感知要强于塞音一些，因此在由擦音/s/和塞音/t/构成的辅音丛中，往往“留擦去塞”，例如 trust 译为“脱辣司”就保留了/st/中的/s/，并通过增音重构音节。从历时发展来看，晚清时删除的音节尾辅音大多以置换加增音的方式在现代汉语中恢复。

三、塞擦音/tʃ/、/dʒ/

塞擦音是由塞音和擦音结合而成的复辅音。英语中真正的塞擦音仅有/tʃ/和/dʒ/，以清浊为区别性特征。汉语中塞擦音共有 c［tsʰ］、z［ts］、ch［tʂʰ］、zh［tʂ］、q［tɕʰ］、j［tɕ］三对共六个。汉语中塞擦音均属于清辅音，每组塞擦音以送气与否为区别性特征。从听觉感知上看，/tʃ/、/dʒ/与这四个音有部分相似又不完全相同，在《英华大辞典》音译词的置换统计中表现如下（见表 3-13）：

表 3-13　塞擦音在汉语中的置换情况

译入音	译出音	晚清		现代		示例（晚清）
		数量	百分比	数量	百分比	
/tʃ/	［tʂʰ］	3	37.50%	1	20.00%	chocolate/初高辣
	［tʂ］	2	25.00%	1	20.00%	colchicum/哥枝禁
	［tɕ］	1	12.50%	0	0.00%	cherub/ 嗟略咏
	［tɕʰ］	2	25.00%	3	60.00%	Sandwich/撒会区
/dʒ/	［tʂ］	9	64.29%	2	28.57%	Algiers/亚利知尔国
	［tɕ］	3	21.43%	5	71.43%	Fiji/非基（羣岛）
	［tɕʰ］	1	7.14%	0	0.00%	halogen/哈罗琴
	［t］	1	7.14%	0	0.00%	augite/鸦呆脱

/tʃ/和/dʒ/在词库中出现次数并不多。清塞擦音/tʃ/的置换音虽然出现了［tʂʰ］、［tʂ］、［tɕ］、［tɕʰ］四种，但还是在汉语塞擦音组内的选择，并没有出现向塞音或者擦音的转变。从送气特征来看，/tʃ/晚清时期置换

为汉语中的送气塞擦音稍多一些，但是也有变为不送气音的例子。不过，/tʃ/组的例子中很多都是方音渠道输入的音译词，如 chocolate/初高辣、colchicum/哥枝禁、cherub/嘍嘚咏等，因此，晚清所呈现出的一些区别并不能完全反映出/tʃ/的置换情况。

与/tʃ/相似，浊塞擦音/dʒ/也出现了四种不同形式的语音置换，其中［tʂ］、［tɕ］、［tɕʰ］都是汉语中的塞擦音，但是有一例出现了/dʒ/→［t］的情况。这一例比较特殊：一方面在于对英语源词读音的把握并不准确。英语字母 g 常对应/g/的读音，如 language、angry、gloomy 等词中 g 都读/g/，但是 augite 中 g 对应的却是/dʒ/音，因此，很可能 augite/ˈɔˌdʒaɪt/被误读为了/ˈɔˌgaɪt/，从而导致/dʒ/→［t］的出现。另一方面，“鸦呆脱”的方音痕迹也比较明显。上海话中这三个字分别读作［au］、［nge］、［tʰeq］，连读起来与 augite 的读音比较接近，无锡话中“呆”也有［nge］的读音，这正好对应了英文源词误读出现的/g/音。故而，这个/dʒ/→［t］的置换是源语与目的语双方语音共同作用的结果，是十分特殊的例子。除此特例外，浊塞擦音/dʒ/均置换为塞擦音。正如在塞音中所言一样，英语中清浊对立往往会通过汉语的送气/不送气来表现，从上表数据来看，浊塞擦音主要表现为汉语的不送气塞擦音，符合这一规律。虽然有一例/dʒ/→［tɕʰ］，但在历时演变中已被淘汰。

在增删音方面，由于塞擦音总体出现次数较少，因此表现并不明显。/tʃ/组数据中没有出现增音或删音的情况。/dʒ/组出现两例增音，增加的音质取决于置换后的辅音发音方式。一例为/dʒ/→［tɕ］，增音为［i］；另一例为/dʒ/→［tʂ］，增音为［ʅ］，同属汉语中［i］音位。

四、鼻音/m/、/n/、/ŋ/

鼻音是世界各种语言中都有的一种辅音。英语中的鼻音有三个：/m/、/n/、/ŋ/，发音部位分别是双唇、齿龈和软腭，与塞音位置一致只是发音方式不同而已。/m/和/n/可以出现在音节首和音节尾的位置，而/ŋ/只能出现在音节尾。三个鼻音都可与其他辅音构成辅音丛(如：/nd/、/mt/、/ŋs/)，但从频率上来看/n/＞/m/＞/ŋ/。汉语中也有三个鼻音，发音部位和发音方式与英语中的鼻音基本相同，其差别主要在音节的分布上。汉语中只有［n］既可以出现在音节首，又可以出现在音节尾。［m］仅能出现在音节首，而［ŋ］仅能出现在音节尾。从总体上说，英汉鼻音组有较大的相似性。英语鼻音在晚清词库中的置换情况如下（见表3-14）：

表3-14　鼻音在汉语中的置换情况

译入音	译出音	晚清		现代		示例（晚清）
		数量	百分比	数量	百分比	
/m/	[m]	64	75.29%	49	84.48%	ammonia/阿摩呢/阿摩尼亚
	[n]	15	17.65%	7	12.07%	minium/密尼恩
	[ŋ]	6	7.06%	2	3.45%	iodoform/埃沃多仿
/n/	[n]	141	90.38%	108	91.53%	tourmaline/杜玛琳
	[ŋ]	11	7.05%	9	7.63%	telephone/德律风
	[l]	3	1.92%	0	0.00%	rhatany/那丹苓
	[ʑ]	1	0.64%	1	0.85%	flannel/法兰绒/福兰绒
/ŋ/	[ŋ]	11	68.75%	10	66.67%	mango/芒果/檬果/樣果
	[n]	5	31.25%	5	33.33%	link/林克

由于汉语中[n]和[ŋ]都可以做音节尾，因此鼻音组的情况要根据鼻音在音节中的不同位置来具体观察。英语双唇鼻辅音/m/与汉语[m]相似度高且都可以做音节首，在音节首的置换中/m/→[m]比例为100%，这一比例在元音和辅音的置换中都是少见的。但是汉语[m]不能承担音节尾的功能，因此，源词音节尾的/m/不能直接置换为[m]，而是需要调整为可以充当音节尾的鼻音[n]或[ŋ]，从统计结果来看，/m/→[n]占大多数，是主要的转换方向。[m]和[n]在汉语中关系是十分密切的。早期的汉语有[m]韵尾，等韵的咸摄包括平水韵"覃、盐、咸"三韵，深摄包括"侵"韵，都是[m]韵尾的反映。在元代，少数的[m]韵尾转化为[n]韵尾，不过这些字大多是由双唇辅音构成声母（如[f]、[p]），形成"首位异化"的现象（孙强，2007：197-198，41）。明代一些韵书中臻摄和咸摄的消失，以及诗文中[m]韵尾与[n]韵尾的通押，都说明了在明代后期[m]韵尾转化并入[n]韵尾这一语音现象。正是因为[m]与[n]的联系紧密，在/m/借入的过程中，[n]表现得更为强势一些。不过，也有部分音节尾的/m/置换为

[ŋ]，通过观察发现，/m/→［ŋ］的情况主要与鼻音所处的音节环境有关，大多发生在与［ɑ］、［ɔ］等元音结合的音节上，如comprador、Romney、iodoform等。由于源音节中的元音都为后元音，在置换时也首选后元音，加之语音相似性的影响，一般会变为后低元音［ɑ］。元音的选择在一定程度上影响了鼻音的选择。此外在/a/音位上，鼻音［n］只能和前低元音［a］组合形成［an］，而后低元音［ɑ］只能和鼻音中［ŋ］组合为［ɑŋ］，故而在置换时出现了许多以［ɑŋ］为代表的/m/→［ŋ］的情况。

齿龈鼻辅音/n/与汉语［n］相似度也比较高，但是其在音节首/n/→［n］的占比也没有达到100%，这主要是因为在南方一些地区的方言中并不区分［l］与［n］，在音译时可能受到了一定影响。不过/n/→［l］的情况仅有3例，并不多见，且在后来的发展中或被淘汰或转为了/n/→［n］。/n/在音节首还出现了一例/n/→［ʑ］，即flannel/法兰绒/福兰绒，此处较为异常的语音置换更多的还是受到语义因素的影响。flannel是一种用粗梳棉或毛纱织制的柔软而有绒面的棉毛织物，十八世纪产生于英国的威尔士。“绒”字体现了该织物的特性，语音上只是大体相似，语音的非常规表现是为语义做出的牺牲。汉语中的鼻辅音［n］是合格的音节尾，因此位于音节尾上的/n/可以置换为［n］。/n/→［n］的转换是一种较为忠实的映像，不过在所有音节尾/n/中的占比也没有达到100%，还存在少量的音节尾的/n/置换为后鼻音［ŋ］。有学者认为，这样的现象属于“不必要的调整”。仔细观察这几例/n/→［ŋ］，笔者并不能完全认同这一观点。/n/→［ŋ］置换一般都有一定原因：其一，许多/n/→［ŋ］都与源语音节环境和汉语语音规则有关。比如，英语中/din/音节置换为汉语音节最忠实的情况应该是［din］，但是该音节在汉语中却是空缺的，因此只能用［diŋ］来弥补。于是，出现了Edinburgh的音译“哀丁堡”。英语中/tin/音节也有同样的问题，于是出现了Constantine/堪司炭听。其二，在晚清外国人名的翻译中，汉化倾向非常明显。因此，在音节置换时有时为了使用更为常见的汉语姓氏而牺牲了语音的忠实度，如“Banting/彭丁”和“Monroe/孟禄”。而在现代外国人名的翻译中，这种倾向比较微弱了，相应的名称也被调整为语音更为忠实的“班廷”和“门罗”。当然，也有一些词的/n/→［ŋ］并不一定能找到明显的理据，比如lemon/柠檬，但不排除可能受方言区［n］、［ŋ］不分特点的影响。

通过对晚清词库的梳理，笔者认为在音节尾的/n/中，/n/→［n］是主流也是规范的方向。/n/→［ŋ］的置换不能简单地定义为“不必要”，在一些情况下这种调整是必要的。

软腭音/ŋ/在英语中只能充当音节尾，因此表现也比较清晰。在词库/ŋ/的置换中，/ŋ/→［ŋ］的映射占大多数，这也符合两者发音特征及其在各自音系中的表现。有部分/ŋ/置换为了前鼻音［n］，其中不乏方言的影响（如 cinchona/金鸡纳），也有一些受源词拼写形式的影响（如 link/林克）。不过，整个词库中/ŋ/的总体数量不到 20 个，其代表性稍有欠缺（见表 3-15）。

表 3-15　鼻音在汉语中的增、删音情况

译出方式＼译入音		音节首				音节尾			
		晚清		现代		晚清		现代	
		数量	比例	数量	比例	数量	比例	数量	比例
/m/	+[u]	0	0.00%	0	0.00%	1	1.14%	1	1.67%
	+[i]	0	0.00%	0	0.00%	1	1.14%	1	1.67%
	ø	0	0.00%	0	0.00%	0	0.00%	0	0.00%
/n/	+[i]	0	0.00%	0	0.00%	11	5.91%	0	0.00%
	ø	0	0.00%	0	0.00%	6	3.23%	1	0.83%
/ŋ/	（无）								

在增删音方面，鉴于汉语中的鼻音［n］、［ŋ］可以做音节尾，鼻音组的增删音是辅音中最少的。/m/组中仅有两例增音，对增音音质的判断不具有代表性。晚清/n/的主要增音选择是［i］，不过，这些词大多被意译词替代，因此在现代组中没有体现。/n/的删音比较特殊，仅出现在 morphine/吗啡一词中。

五、流音/l/与/r/

流音是指所有不属于半元音的近音。它主要包括边流音（例如：边音/l/）和非边音流音（例如：通音/r/，亦称作“r 系子音”）两大类。英汉两种语言中都有一个边音/l/。从发音方法来看，英语边音/l/有两个变体：位于音节首的响亮/l/（clear /l/）和位于音节尾的低沉/l/

(dark /l/)。发响亮/l/时，软腭上升，鼻腔通道封闭，舌尖和上齿龈接触但舌两侧不与上齿接触，空气从舌两侧与腮内壁形成的缝隙中通过，声带发生振动。低沉/l/与响亮/l/的发音方式比较相似，但是舌面向下凹陷，舌根向软腭的方向抬起。这两个音位变体在音节中呈互补性分布。响亮/l/只出现在音节首，后接元音或半元音/j/，低沉/l/只出现在音节尾。严式标音时，低沉/l/记作/ɫ/。当低沉/l/出现在一个非重读音节的尾部时，常会出现“辅音＋/l/”的组合（例如：bottle、civil、riddle等）。这里并不是一个辅音丛，实际上音节的元音部分夹在/l/和/l/前的辅音之间。这个元音一般只能是弱化的央元音/ə/，它被“强制弱化”，词典中常常不拼写出这个元音，低沉/l/因此也被称为“成音节辅音”。汉语中［l］与英语中的响亮/l/发音部位和发音方式都比较一致，但是汉语中的［l］只能出现在音节首，不能做音节尾。同时，汉语也没有/ɫ/音，因此在借入时需要调整。

英语中的另一个流音是/r/，可以出现在音节首，也可以出现在音节尾。汉语中的“r”情况比较复杂，就其音值而言，就有［ʐ］、［ɻ］、［ɽ］等不同的说法。笔者采用的还是较为传统的观点，认为“r”的音标形式应写为［ʐ］，是一个浊擦音。但是该音位的音值并不是唯一确定的，有比较多的变体。虽然英汉都使用r来记音，但实际上它代表的是两种不同的语音，其在音系中的表现也不太相同。在《英华大辞典》中，/l/和/r/的置换情况如下（见表3-16）：

表3-16　流音在汉语中的置换情况

译入音	译出音	晚清		现代		示例（晚清）
		数量	百分比	数量	百分比	
/l/	［l］	116	91.34%	76	83.52%	Scotland/苏革兰
	［ɚ］	10	7.87%	14	15.38%	argyle/哑格爱耳
	［n］	1	0.79%	1	1.10%	lemon/柠檬果
/r/	［l］	68	81.93%	50	89.29%	farad/法拉
	［ɚ］	13	15.66%	6	10.71%	schorl/舍耳勒
	［ʐ］	1	1.20%	0	0.00%	Guarana/瓜染纳
	［n］	1	1.20%	0	0.00%	rhatany/那丹苓

位于音节首的英语/l/与汉语［l］相似度非常高，即便是在晚清词库中，边音/l/几乎都能置换为汉语边音［l］。例外情况仅出现了“lemon/柠檬”这一例，这一例很可能是受方言语音影响的结果。在中国南方地区，很多方言都是［l］、［n］不分的。比如南京话、潮州话中“柠檬”的“柠”都是将鼻音［n］读作了边音［l］，虽然暂时无法确定“柠檬”最初具体是由何种方言译入汉语的，但是译词语音受方言影响的可能性很大。音节尾的/l/实际是一个比较低沉的［ɫ］音，是汉语中的空缺音。［ɫ］发音时音强更高且更清晰，因此它位于音节尾时常可自成音节，如 bottle、camel 等词。从听觉上讲，有点近似于元音。从词库表现来看，这类音节尾的/l/有一部分以删音处理，另外约一半左右置换为［ɚ］音，是［ə］的卷舌效果。［l］→［ɚ］没有出现在音节首中。

通音/r/在汉语中属于空缺音位，在语音上它与 r［ʐ］有一定的相似性，发这两个音时舌尖都会向后移动朝硬腭部分抬起。但是从词库的表现来看，/r/→［ʐ］的情况仅出现一例 Guarana/瓜染纳，反倒是/r/→［l］的情况居多。边音与 r 类音都属于流音范畴，/r/→［l］的映射从某种程度说明了人们对/r/的认识并非仅仅建立在简单的语音或听觉感知上，还存在潜在的音系影响。音节首的/r/以/r/→［l］的置换形式居多，但位于音节尾的/r/一般置换为了［ɚ］音，这一点也与/l/的情形非常相似。除语音相似的原因之外，美式发音卷舌的特点也是促成/r/→［ɚ］映射的一个原因。总体上看，流音组的两个音虽发音不同，但在语音置换方面有比较高的相似性（见表 3-17）。

表 3-17　流音在汉语中的增、删音情况

译入音 / 译出方式		音节首				音节尾			
		晚清		现代		晚清		现代	
		数量	比例	数量	比例	数量	比例	数量	比例
/l/	+[i]	0	0.00%	0	0.00%	2	1.28%	0	0.00%
	+[a]	0	0.00%	0	0.00%	1	0.64%	0	0.00%
	+［ɤ］	0	0.00%	0	0.00%	2	1.28%	0	0.00%
	+[o]	0	0.00%	0	0.00%	1	0.64%	0	0.00%
	ø	0	0.00%	0	0.00%	18	11.54%	8	8.00%
/r/	ø	0	0.00%	0	0.00%	35	29.66%	27	35.06%

在增删音方面，二者音节尾的删音均多于增音。/l/音节尾的处理与/l/在音节尾的发音有关。而处于音节尾的/r/位置一般是介于元音和辅音之间（CVRC），并不是严格意义上的音节尾。它在元音后常会出现卷舌效果。元音的响度直接影响到/r/的感知，/r/听上去像是元音的延伸，/r/后的辅音才真正起到音节尾的作用，所以，尽管/r/的响度高于其后的辅音，仍然在借入时被删除。虽然/l/和/r/删音的原因不大相同，但毫无疑问删音是处理音节尾流音最主要的方式，这也是流音比较特殊的一点。

六、半元音/j/与/w/

半元音，又叫滑音，是介于元音与辅音之间的音段。它具有元音的语音性质，但功能上类似辅音。英语中有两个半元音/w/和/j/，有的语音学家将这类音看作无擦通音的一种。英语中半元音/j/是一个硬腭音，仅出现在元音前。发音时，舌头位于发前高元音/i/的位置，舌头两侧和上腭接触，声带产生振动，同时向后面的元音滑动。当/j/出现在/p/、/b/、/k/、/h/后会完全清化，类似于擦音。在辅音+/ju/的组合中，/j/往往在发音中被省略。/w/则是一个双唇软腭音，发音时双唇微微成圆形，舌头位于发后高元音/u/的位置，舌根两侧和上齿接触，声带产生振动，同时向后面的元音滑动。/w/在英语中也只出现在音节首，不出现在音节尾。美音中/w/存在变体形式，在"wh"开头的单词里，/w/常常发成清擦音，严式标音记作/ʍ/，在字典中一般用/hw/表示。汉语中没有单独的滑音音位，但确实有 y［j］和 w［w］音素的存在，与英语半元音/j/和/w/有相似之处。在译词中的映射关系表现如下(见表 3-18)：

表 3-18　半元音在汉语中的置换情况

译入音	译出音	晚清		现代		示例（晚清）
		数量	百分比	数量	百分比	
/j/	［i］	11	91.67%	11	91.67%	dahlia/唎哩亚花
	［w］	1	8.33%	1	8.33%	utopia/乌托邦

续表

译入音	译出音	晚清		现代		示例（晚清）
		数量	百分比	数量	百分比	
/w/	[w]	18	81.82%	20	95.24%	Norway/挪威国/瑙威国
	[x]	4	18.18%	1	4.76%	Wallachia/华拉基亚

从表中数据可以看出，/j/→［i］是最主要的置换方向。这里需要指出的是，［i］代表的是汉语中的/i/音位，有［i］和［j］等不同的音位变体。在/j/的置换中，严格说来是/j/→［j］的转换，发音方式和语音感知的一致性相吻合。/j/置换为［w］的情况只出现了一次，是比较特殊的情况。从单词发音的角度来看，词首字母 u 存在被读为/u/的可能，因此产生了“乌托邦”的译名。除语音因素外，“乌”在古汉语中可用来表示反问语气，还容易让人联想到“子虚乌有”等词，贴近 utopia 的语义。因此，选字有语义方面的考虑，在语音上有所牺牲。这一例应当视作例外情况。

半元音/w/大部分也比较忠实地映射为了汉语中的［w］。大部分的/w/都处于音节首的位置，一般置换为了汉语中的声母，如 Darwin/达尔文、watt/瓦德、wernerite/韦尔纳来得等。还有一部分/w/是位于音节首的辅音丛中，因此在置换后成为了汉语中韵母的一部分，如 quinine/奎宁、Swiss/瑞士国/瑞西国、Quaker/奎克儿。源语中/w/的变体/hw/仅出现一例 whisky/威士杞酒，此处词首发音/hw/映射为［w］，不过在 sandwich/ˈsændˌwɪtʃ/中，音节首的/w/又置换为了［hw］。这说明晚清人们对于/hw/的认知并不是非常清晰，现在汉语中已将此例规范为了/w/→［w］。除/w/→［w］外，还有一部分/w/置换为了 h［x］，如 Wallachia/华拉基亚等，这类的置换主要受方言语音影响，比如上例中“华”在粤语中读为［wa］。这一类置换形式在历时发展中大部分都被“纠正”为了［w］，如 Wallachia 现代译词为瓦拉几亚。

由于半元音具有元音的语音性质，有一定的语音凸显度，因此增删音情况并不突出。/w/组既无增音也无删音出现。/j/的增音仅有三例，主要是由于/j/出现在两元音之间。/j/的删音则主要出现在/ju/中，源词中它主要以字母 u 拼写，发音时语音省略以及字母 u 的使用是/j/删除的原因。

第四节　晚清英源音译外来词语音借入的特点

一、借音规律初现

晚清英源音译外来词进入汉语词汇系统的初始阶段。所谓“万事开头难”，音译词在这一时期的确存在着许多不规范、不统一的问题，也带有一定地域性或主观性色彩。不过，通过上文对各音位语音借入的分析描写可以看到，即便是在语言接触的初始阶段，音译时借音规律也已经有所呈现。在元音方面，主要的规律和特点有以下几点：

（1）置换是音译词中的元音进入汉语的首要方式。在所有元音音位中，除/e/与/ɔ/外的所有音位都以置换的占比最大。相较于增音或删音，直接置换是最符合语言经济性也最能保持源词读音特点的做法。

（2）元音置换遵守语音感知相似性原则。的确，英语的一个元音在汉语中总是置换出多个不同元音，因此也有学者得出“元音借用多样性”（于辉，2014：150）的结论。但是，这一问题需辩证地来看。在英汉语音近似度较高的情况下，英语元音置换的规律性以及历时语音规范的倾向性非常明显（如/i/→［i］、/u/→［u］等）；在英汉差异较大的元音中，则规律性不明显（如/ʌ/、/ɔ/等）。此外，早期语音的置换受译者语言习惯与方言影响较大，特别是晚清，广州、上海等地是开埠最早、传教士最早落脚中国的地方，也是中国近代最早的留洋知识分子聚集的地方。这些人编纂的词典，无论是传承原有的英华词典，还是创造新译词，都不可避免地带上了方言的色彩。在看待音译词时，如果“方音官读”，得到的必然是杂乱无章的印象。但若将方言音考虑在内，就不难发现元音的置换仍是以语音感知相似性为基础的。

（3）在语音置换的过程中，英语中的一些区别性特征并不能在汉语中得以体现，例如元音的松紧对立。从发音来看，源词语音的舌位高低、前后以及唇形圆展这三大维度都可能被违反，但不会三者同时被违反。在高低维度上，只允许跨越一级的偏离，即高元音可以借入为央元音，但不会变为低元音。同样，在高低转换的方向上，一般首选同高度的元音，其次是低一舌位的元音（高舌位到中舌位，或中舌位到低舌位），没有出现反向的变化。在前后维度上，同样只是一定范围内的偏离。但是从词库的表现来看，舌位高低影响更大一些，前后横向偏移的现象多于高低纵向偏移。唇形圆展在三个维度中被违反次数最少。

(4) 元音增音是仅次于置换的借入方式。各类元音使用增音的比例不太一样，总体上看，除了/e/、/ɛ/、/ɔ/三个元音增音的比例接近或超过 50%外，其他元音的增音比例大多在 30%以下。这个大致的趋势在历时演变之后基本维持现状，仍是只有/e/、/ɛ/、/ɔ/三个元音增音的情况较多。

(5) 元音增音的原因并不太相同。例如/e/增音的根本原因在于/e/的音质本身；/ɛ/和/ɔ/则是由于它们都是在汉语中的空缺音位，同时与汉语原有的元音差异也比较大，纯粹的元音置换可能无法达到较高的语音相似度，需要通过增音手段进行语音摹写。还有一些元音之所以增音，是由于汉语语音规则使然，比如/i/与/ɪ/，在源词/fi/、/fin/或/vi/等音节中由于汉语语音规则的制约，需要转化为其他的双元音或多元音韵母。

(6) 元音在增音倾向性上的表现也差别较大。有些元音的倾向性自始至终都十分明显，如/i/、/e/、/æ/、/ə/；有些元音在晚清时期的倾向并不十分突出，但是通过历时的语言发展后，倾向变得明显，如/ɪ/和/o/；还有些元音的倾向性自始至终都并不明显，如/ɛ/、/ɔ/等。第一类和第二类的元音本身与汉语元音有一定的相似度，它们增音或是由于汉语语音规则制约或是源语音节环境使然，总体上遵循一定规律或有一定动因推动，因此稳定性比较高。第三类增音的元音，与汉语元音的差异性比较大，增音是一种带有尝试性的语音补偿策略，因此形式更为多样也更不稳定。

(7) 元音删音是比较罕见的情况。删音在所有语音借入策略中的比例不超过 5%。在所有元音中，/ə/被删除的例数和比例都是最高的，这是因为/ə/是一个响度不高、存在感比较低的元音，其游移性也比较强，容易被删除。从晚清和现代的对比来看，删除的元音往往在历时发展中被“纠正”过来，例如 Laconia 晚清时译名“纳管拿”删除了最后一个音节中的/i/，但是在现代汉语中又还原为了“拉哥尼亚”。从晚清一直延续到现代的元音删音案例屈指可数，更多是受语义因素影响的结果。

与元音相对“杂乱”的置换关系相比，晚清英源音译词在辅音系统的表现规律性更强，这也得益于两种语言辅音系统相对较高的相似度。晚清辅音的借入有以下特点：

（1）与元音类似，辅音的首要借用策略仍然是置换。英汉中有不少辅音尽管发音方式有所不同，但听觉感知较为相似。在辅音置换中，相似度高的音一般充当主置换音。当汉语中出现空缺音位时，一般会选用发音方式相同的辅音，以求语音最大程度的相似。无论辅音位于音节首还是音节尾，置换都是主要的借入形式。不过，在音节首的置换是单纯的置换；而音节尾的置换由于汉语大多数辅音不能作音节尾，主要是“置换＋增音”的形式。在两个能做音节尾的鼻音中，音节尾也是单纯的置换。

（2）英语中存在汉语中所没有清浊对立的区别性特征。这一空缺特征被汉语中送气/不送气特征所套用和转换，在塞音中映射表现较为一致，在塞擦音中有一定体现。英语中作为非区别性特征存在的送气/不送气特征，因为不具备音位的特点，在转换过程中有较大的随意性，不与汉语的送气与否特征形成忠实的映射。

（3）辅音中增音的比例比辅音置换要低，均在30%以下，这也说明它仅是一种辅助调整或弥补策略。辅音增音的原因并不是为了满足语音摹写的相似性，而是英汉语音系统的不同规则所导致的。英语中的辅音可以出现在音节首和音节尾两个位置上。位于音节首的辅音与其后元音能够构成音节，这种音节形式与汉语的音节形式比较相似，因而出现增音的情况较少。但是，如果音节首出现辅音丛，仍然会出现增音。此时，两个辅音可能分别增音，重构音节，如trust/脱辣司、Stuart/士徒尔脱等。位于音节尾的辅音出现增音的情况更多一些，这是因为英语中大多数辅音都能做音节尾，而在汉语中能出现在音节尾位置上的只有鼻辅音［n］和［ŋ］。在汉语四百多个基本音节中，元音结尾的开音节占了半数以上，其余的均为鼻辅音［n］和［ŋ］结尾的闭音节。英语中的闭音节单词却很多，因此在词汇音译时需要对闭音节进行调整。其中一种调整策略就是增音，即保留原有音节尾位置上的辅音，并添加元音形成一个新的音节。原本处于音节尾的辅音通过重新分析变为音节首，以适应汉语的音节结构。相较于删音，增音的方式能够最大限度地保留源词中的辅音信息。

（4）从辅音增音的方向来看，不论是在音节尾还是在音节首，绝大部分的增音是向辅音右方增音，即由V变成VC。但是在流音/r/的一些转换中，出现/r/→［ɚ］的映射，如Ireland/哀尔兰、Norse/挪耳斯、

feldspar/非勒司巴耳等，[ɚ] 是 [ə] 的卷舌效果，相当于 [ər]，可以看作 V→CV，是一种特殊的向左增音。在词库中仅发现/r/出现了这类现象，而其他辅音均是向右增音。辅音所增加的元音的倾向性或规律性也十分的明显且稳定，与辅音的发音方式和发音器官有一定关联，这种关联性在晚清词库中更明显。随着汉语语音的变化和发展，有一些辅音和所增元音之间的关联性在现代汉语中变得不太明显。总体上而言，辅音的增音较之元音更具有规律性也更加稳定，这是由语言差异导致的一种系统性补偿机制。

(5) 删音是晚清辅音所有借入方式中比例最低的。删音与增音同样是出于使音节符合汉语规则的目的，但是在去与留之间，汉语音译时倾向于保留源词的语音信息。删音同样也出现在音节首和音节尾两个不同位置。位于音节首的辅音丛时，辅音大多是以增音形式得以保存，但是也有少量删音情况出现，比如 druid/督伊德。这类删音有很大概率在历时语言演变中变为增音，如上例中 druid 在现代汉语中的形式为“德鲁伊特”。位于音节尾的辅音删音是辅音中最多的一类，这主要是因为词尾通常是语音感知比较弱的位置，容易被忽略被删除。音节尾的辅音丛也不像音节首那样两个辅音均保留，而是只留其一。

(6) 在所有辅音中，流音删除的数量和比例都是最高的。音节尾的低沉的/ɫ/在听觉上与元音很接近，与其邻近的元音之间过渡比较平滑因而在听觉感知上的凸显度不高，容易被删除。处于音节尾的/r/位置一般是介于元音和辅音之间，并不能算作严格意义上的音节尾，/r/听上去更像是元音的延伸。除流音外，塞音组也比较容易在音节尾的位置被删除，这主要是由于塞音的响度比较低，听觉感知不突出。擦音组和塞擦音在发音时由于摩擦有噪音发出，响度要高于塞音，因此删音的情况较少发生。鼻音组删音的情况较少，主要是因为汉语中有两个鼻音可以充当合格的音节尾，因此可以依靠置换的方式实现较为忠实的借入。半元音/w/同样没有出现删音。/j/中有个别删音的案例，主要与编者对源词读音的掌握情况有较大关系。

二、方言音译现象

晚清的英语词在音译为汉语时，情况比现在更为复杂。虽然在全国的士大夫阶层有通行的官话，但是音译词的产生并不是一种自上而下的规范式推广，而是一种自下而上的生长。在英汉语言接触的早期，英源词的引入主要依靠西方传教士。明朝来华的传教士大多从中国东南沿海口岸如广州、福建、上海等地进入中国，他们在华的生活和学习背景对其汉语语音认知产生一定影响。例如利玛窦早期主要在中国澳门、肇庆、韶州、南昌、南京等南方地区活动，直至万历二十八年才来到北京，其汉语学习很难完全摒弃方言的影响，这也可能间接影响他对汉语译词的创制。鸦片战争后，中英《南京条约》的签订将广州、厦门、福州、宁波、上海五个沿海城市辟为通商口岸，实行自由贸易。虽然五口通商的主要目的是打开中国大门使中国成为西方国家商品的倾销地，但是它也间接推动了这五个地区经济文化的发展，加快了这些地区与西方的接触。同时，在经济交流的促进下，这些地区的外来事物也越来越多，对人们的思想和生活产生了影响。各地方言对新鲜事物的反应比较迅速，很多词汇通过音译进入了当地方言的词汇系统，当这些新鲜事物由通商口岸传播到内陆地区时，也将这些新颖的方言音译词一同传播出去。

《英华大辞典》中通过方言途径输入英源音译词占到全部英源音译词的近四分之一。这些词中又以粤语词和吴语词的影响范围最广、数量最多，比较典型的粤语音译词包括 chocolate/初高辣、aloin/哑啰精、morphine/吗啡等，cigar/雪茄、cicero/雪酸罗等则是从吴语区传入的音译词，粤语和吴语在音译词中的表现也符合广州、上海等地对外交流密切的实际情况。不过，这些方言音译词对于晚清音译词借音规律的呈现有一定干扰作用。从词汇的传播来看，这类词存在着“文言不一”或“方音官读”的现象。一方面，在人们口头交流时，对外来事物的指称以方言语音的形式呈现；另一方面，外来词汇还通过书刊报纸等书面形式进行传播。在书面文字的传播过程中，汉字并没有给予注音或是对语音进行说明，默认读法应该遵循当时社会通行的语音即官话音。由此，音译词的实际发音和书面文字表示的官话读音并不完全一致。这些方言音译词按照官话读音，会呈现出较为异常的借音现象。但是如若将其还原至方言语境，则与源词语音比较接近。以地名音译词来说，就常出现用“亚”来对应以 a 表示的/ə/、/ɛ/等音位的现象，比如 <u>A</u>merica/<u>亚</u>美利加、<u>A</u>mazon/<u>亚</u>美逊河、<u>A</u>frica/<u>亚</u>非利加、<u>A</u>lgeria/<u>亚</u>基尔等。实际上，它们都是粤语输入的词，“亚”在粤语中读作［a］而非［ia］。粤语读音并没有增音，音质也与源词读音更接近。再比如 choco<u>late</u>/初高<u>辣</u>和

carat/加辣这两个词中以“辣”对应词尾音节。官话中“辣”读作［la］，词尾的塞音/t/被删除；但还原到粤语语境中，“辣”实际读音为［lat̚］，塞音尾得到保留。

方言音译词在官话中呈现出比较异常的借音方式，因此在历时的语音规范中方言音译词大多被“纠正”为比较符合官话语音的音译词，比如 Algeria 就由“亚基尔”变为了“阿尔及利亚”。当然，也有一小部分方言音译词得以保留下来。方言音译词之所以能够保留下来的原因并不十分明确，词的使用频率、接受范围、字面语义和文化联系等因素都可能影响其存留。比如 cigar 一词，晚清对它的官方称呼并不是现在通用的“雪茄”。晚清的《运洋货入内地之税单》等相关的海关进出口清关单据中，并没有“雪茄烟”的说法，而是以“吕宋烟”称之。吕宋国即今南海吕宋岛一带，以盛产优质烟草闻名于世，故得此名并一直沿用至清末。在汉籍全文检索系统的晚清白话小说中，仅在李伯元的《官场现形记》发现了“雪茄烟”。李伯元是江苏武进人，武进现隶属江苏省常州市，属于长江沿岸吴语和江淮方言的临界区。常州方言中“雪茄”读作［siuih-tɕia］，同属吴语区的苏州方言读作［sih-ga］，上海话读作［sih-ga］。“雪茄”是方言音译词这一点毋庸置疑，也有被官话译词取代的可能。但是，随后它却被赋予了浪漫与诗意。据说 1924 年徐志摩在与泰戈尔的交谈中，以一句“燃灰如白雪、烟草卷如茄”来解析“雪茄”这一译名。徐志摩与泰戈尔的谈话内容为何现在已无从考证，但这一轶事却广为流传。这也从侧面说明，附加的文化与美学联想意义可能是推动方言音译词得以流传下来的因素。

方言音译词对于汉语字音的发展也产生了影响。粤语词中所用的“咖”字就经历了这样的变化，晚清时期的粤语词有相当一部分是以给常用汉字添加口字旁来表示音译的，字的读音与右侧的声旁相同，“咖啡”最初应读作“加非”。马礼逊《华英字典》中对“咖”的注音也为“këa”，与“加”“枷”“架”等字相同。同时期出现的“架非”“加非”等同源异形词也对其读音给予了佐证。但是“加”在粤语和吴语中读为［ka］，而现代汉语中“咖”［k^ha］字的读音显然与晚清的官话音有所不同，也与形声字的读音规则不吻合，方言对汉字语音的影响由此可见。

方言音译是晚清音译词外来词比较特别也比较突出的现象。这些词对于晚清音译词的借音规律有一定的扰乱，但是从另一方面而言它也对汉语词汇系统的发展有着不容忽视的作用，是词汇借入渠道和文化交流路径的折射。

三、源词拼读失准

除了方言音译的现象外，晚清的英源音译词还反映出了比较多的源词拼读“失准”。彼时国际音标尚在萌芽之中，人们对于英语单词读音的认识除了老师的言传身教外，就是依靠英语的拼读规则。通过学习26个英文字母以及字母组合在单词中的发音规则，人们建立起对字母和字母组合发音的感知，从而掌握拼读规律，能够“见形知音”。在当时的英语词典中，编纂者们也是以此为基础，对单词音节进行拆分，然后以相应的字母或字母组合表示单词的实际发音。这种注音方式不如国际音标直观、准确，因此在这一时期，由于国人在实际拼读时对源词读音掌握不准导致译词读音出现的偏差并不少见。

首先，英语中有不少来自其他语源的词汇，其拼写方法虽然一致但读音完全不同，例如法国地名 Nice 与英语单词 nice 同形，但却读作/nis/而不是/naɪs/。《英华大辞典》中所用的译名“纳斯”，正是对/naɪs/的音译。这是由于译者对百科知识和单词语源了解不足以及英语拼读规则的错误类推导致的。在历时演变中，这类词大多被纠正过来，如 Nice 变为了“尼斯”。同样的问题在现代汉语的音译词中很少出现。

其次，英语的26个字母以及字母组合与英语中的音素并非一一对应的。以字母“a”为例，在重读开音节以及-ange 中读作/e/（gate、plane、change），在重读音节前的闭音中读作/æ/（activity、transcribe、absolute），在非重读音节中读作/ə/（breakfast、woman、canvas），在/w/之后读作/ɑ/（watch、what、quality），还有许多例外情况的存在。相同的字母或字母组合在不同单词中能够代表不同的音，书面形式与语音形式不能一一对应，这就使得语音借入时容易出现问题，以化学元素 Caesium 的名称为例。这种元素于1860年发现，因为其金属光谱线为天蓝色，发现者便以拉丁语 caesium（天蓝色）为词根对其命名。传统拉丁语中的 c 没有/s/的发音，只有/k/。但是英语在中古时期由部分软腭音/k/硬颚化变为/ç/，之后再向前变为/ʃ/，最后变为/s/。因此，英语中的 c 出现了/s/和/k/两种读音，用于不同的音节环境。晚清 Caesium 出现的两个译名“鏭”和“铠”对应的正是/s/和/k/的不同发音。这也说明，面对 ae 这样非常规的英语字母组合，人们并不能十分准确地把握其读音，从而影响了辅音发音的判定，造成了多种音译词形的竞争。再比如-es 组合在英语中也有两种不同形式的读音，大部分情况下，它读作/iz/，比如 series、species、buses 等，但是在有些词中它又读作/z/，比如 besides。在没有明确注音的情况下，Rhodes/rodz/极有可能被读作/rodiz/，晚清词库中出现的“罗狄斯岛”就是拼读失准形成的音译词。

与现代汉语中的英源音译外来词相比，由于源词拼读失准导致的译词音准欠缺的情况在晚清比较多。这也间接说明，在语言接触的早期，社会整体对于异域语言的认知仍有许多不完善、不充分的地方。随着语言接触的深入，汉语使用者对英语的认识在深化，音译中语音摹写的准确度在提高。虽然从整体占比上看，晚清时期源词拼读失准只是边缘现象，不影响同时期英源音译外来词在借音上呈现的总体规律，也没有方言音译现象那般突出，但是它也反映出源词的书写形式和拼读规则的确对外来词的语音借用有一定影响。这也是英源音译外来词在晚清这一特殊历史阶段所展现的特点。

第四章　晚清英源音译外来词的用字考察

第一节　音译与汉字

一、汉字的性质与特点

要研究音译用字，首先需要了解汉字的性质与特点。从二十世纪开始，关于汉字性质的讨论就一直没有停止，至今也没有达成一致的结论。这些讨论大致分为两类，一类是从符号能指类型角度切入，将汉字定义为表词文字、语素文字、音节文字等；另一类则根据文字符号与音义关系，将汉字定义为表意文字、意音文字等。通过对这两类讨论的梳理，能够进一步明晰汉字的性质和特点，为音译外来词的词形与文字考察奠定基础。

伊斯特林在《文字的产生和发展》中提出，正确的文字分类法应该从文字符号的意义出发，即符号表达的语言要素来区分类型（伊斯特林，1987：31），据此，他将文字分为音素字、音节字、语素字、表词字和句意字五种并列的类型。从汉字的实际情况来看，汉字不属于音素字和句意字，也不能将汉字归为音节字，因为如若汉字为音节字，那么字与音应一一对应，字与字之间呈区别性对立，同时字作为音的符号可以重复使用。然而汉语里同音字很多，同音字之间并没有音节的对立，运用在一个词中的汉字并不一定能在另一个有相同音节的语音环境中使用，比如，“篱笆”中的“篱”与“离”“梨”同音，却不能用它们替代。不能将汉字归为表词字则是因为虽然大部分汉字有独立的语义，但是也有一些汉字（比如联绵字或一些音译字）需要组合起来才能表示一个词或者语素，单独不能表义。因此，赵元任在《语言问题》的讲演中提出的

"语素文字说"更符合汉语的情况，也得到了吕叔湘、朱德熙等语言学家的支持和认可。

从文字符号与音义关系来看，汉字属于意音文字。索绪尔在《普通语言学教程》中根据文字与语言的音义关系将世界上使用的文字体系分为表音体系和表意体系两个大类。表音体系是用文字将词中的一连串声音摹写下来，因此表音文字一般可以"见形知音"。英语就是比较典型的表音文字，人们可以通过自然拼读的方式念出从未见过的英语单词。在表音文字系统中，文字与语音关系紧密，与语义关系相对疏远，不能"见形知义"。

与表音体系相异的是表意体系，文字符号并不与词的读音发生直接关系，而是用特定的符号表示语义，因此，表意文字一般不能"见形知音"，但却能"见形知义"。汉字最初便是从语义着眼，在字形结构上不同程度地体现词义，具有很强的表意性。象形字、指事字、会意字以及转注字的形体中就含有可供分析的意义信息。但同时，汉字又不仅仅是单纯的表意文字，汉字中的假借字是以语音为理据的符号，而形声字则是表意兼顾表音。从这个角度而言，汉字是一种"表意和表音的意音文字"(周有光，1998：115)。

从音义与汉字的关系来看，语义与汉字的关系更为紧密，表意性是汉字最主要的特点。虽然有些汉字与语音的关系更为紧密，但是也难免受到意义的影响，从而使得汉字形体发生变化。例如《史记・龟策列传》言："腾蛇之神而殆于即且。"唐代张守节注："即，津日反。且，则余反。即吴公也，状如蚰蜒而大，黑色。"从对"吴公"的描述不难看出，它就是现代所说的昆虫"蜈蚣"。从"吴公"到"蜈蚣"的转变，说明即便是"依声讬事"的假借字也受到了汉字表意性的影响。通过添加义符，假借字也能部分实现意义表达。

从另一方面而言，汉字的一些音符也暗含意义，并非完全只起记音作用。例如夗、宛、蜿、碗、苑这组同源字，有相同的音符且语义有相通之处。《说文解字》曰："夗，转卧也。"清段玉裁注："谓转身卧也。诗曰：'展转反侧。'凡夗声宛声字皆取委曲意。"宛，《说文解字》言："屈草自覆也。"《汉书・扬雄传下》："是以欲谈者宛舌而固声。"唐颜师古注："宛，屈也。"蜿，弯曲行动的样子。《楚辞・大招》："山林险隘，虎豹蜿只。"东汉王逸注："蜿，虎行貌也。……匍匐蜿蜒，以候伺人。"

碗，口大底小的圆口半球形食器。苑，环围起来畜养禽兽的园林。这一组同源字，都含有弯曲义。从传统训诂学的角度来看，汉语中存在着大量的语义相通（或相同）、声音相近（或相通转）的同源字。以某个概念为中心，将相关语义的词汇归到相同或相似语音之下也是合乎逻辑的。只不过，随着汉语的发展，许多同源字语音发生了变化，现代读音已经看不出它们彼此间的联系，但是语音的表意性依然是不可否认的存在，这进一步说明了表意性才是汉字的本质属性。

汉字强大的表意性影响了音译用字的选择，主要反映在两方面。其一，音译用字倾向于采用能够体现类别的义符。这种符号不一定在严格意义上精准，但至少能帮助人们判断词汇的类别，例如“榴莲”是一种乔木，从严格的植物学角度上来说两个汉字都应选用“木”作为偏旁，但是人们仍然能够接受“艹”为部首的“莲”。尽管“榴莲”不能从字形上提供完全正确的植物学理据，但不妨碍普通人从“木”“艹”中得出“榴莲是一种植物”的结论。其二，音译字形成的字形组合有被重新分析的可能。谐音字就是比较典型的例子，通过谐音的语义联系，音译词产生了新的语义层，这种语义的关系对于词形选择起到了一定的影响作用。由此可以看出，关于汉字的讨论不能避免也不应避免意义的讨论。

二、音译用字类型

从文字学的角度来看，音译用字采用的是假借机制。许慎在《说文解字·叙》中这样描述假借字：“假借者，本无其字，依声托事，令长是也。”简单说来，假借字就是用已有的汉字去记录一个读音相同的新词，借旧翻新且借而不还。中国古代的假借字非常多，比如本义为斧头的“父”假借成父亲，本义为燃烧的“然”假借为表示“如此、这样”的指示代词。假借字的识别对于中国古代文献的阅读十分重要。

从记音的角度来看，音译字与假借字有相同的功能，但是两者也有明显区别。假借字借旧翻新之后常常借而不还，比如“莫”假借为表示“没有谁、没有什么”后，原本的“傍晚”义脱离，同时演化出新的“暮”字代替“莫”表示“傍晚”。再如“自”，本义表示鼻子，但是假借为表示“自己”后，本义也脱落了。音译字虽然也是借字，但是一般不会影响字的本义，比如表示 dozen 的“打”以及表示 pound 的“磅”，虽然也给原汉字增加了新的义项，但是并没有取代原有义项，新旧并存互不干扰。从词语性质来看，汉语中的假借字往往是用意义较实的字表示意义较虚的字，比如“然”“其”“乎”等，这主要是因为古代汉字是象形文字，人们比较容易用简单的线条表达实际事物或简单概念，对于相对抽象的虚词，则很难通过视觉化的方式造字。音译字主要记录的是从外族引进的在汉语中有语义空缺的新事物或概念，总体来说意义比较实，基本不涉及虚词，因此，只能说音译字借用了汉字六书中的“假借”机制，但并不能将二者等同起来。

晚清的音译词正是使用了假借机制的一种记音方式，所使用的汉字有汉语中已经存在的汉字和新创制的汉字两种情况（见表 4-1）：

表 4-1　晚清音译用字情况统计

	已有汉字			创制汉字	
	常用字	音译标记字	化学形声字	音译标记字	化学形声字
出现次数	391	29	22	10	19
所占比例	93.84%			6.16%	

（一）音译词用字的总体情况

对于绝大多数的晚清音译词来说，使用已有常见汉字记音是最简便也最为常用的方法。但是汉字的书写符号繁多，汉语音节就有四百多个，加上声调有一千三百多个，而汉语语素不少于六千个，相当于一个音节包含近五个语素（杨润陆，2008：8)。汉语中大量同音字意味着英语音节音译为汉语音节时，可选项很多，这也导致了同源异形词的出现。不过，通过对词库的梳理与统计，还是能够发现许多音节的处理已经出现了相对集中的选字趋势①（见表 4-2)：

表 4-2　英语词音译用字倾向

音节（拼音②）	常用字（次数）	其他用字（次数）
a	阿（15）	（无）
ai	愛（13）	哀（8）、埃（4）、挨（1）

① 由于篇幅限制，此表常用字仅列出现五次及以上的汉字。

② 此处标注的是现代汉语拼音。

续表

音节（拼音）	常用字（次数）	其他用字（次数）
an	安（11）	（无）
ba	巴（10）	把（1）、拔（1）、吧（1）
bi	比（12）	毕（3）、彼（1）、璧（1）
bian	邊（5）	辨（1）、便（1）
bo	伯（12）	波（7）、玻（2）、勃（2）、柏（1）
bu	布（7）	卜（2）
da	達（11）	大（8）、打（4）、搭（1）、答（1）
de	德（17）	得（5）
di	地（8）	的（5）、底（2）、弟（1）、笛（1）、狄（1）
ding	丁（9）	定（1）
dun	敦（6）	顿（4）、墩（1）、吨（1）
duo	多（7）	（无）
en	恩（5）	（无）
er	爾（31）	耳（16）、儿（4）、而（3）
fa	法（6）	发（3）、伐（1）
fei	非（15）	腓（3）、啡（3）、费（2）、肥（1）、斐（1）
fu	福（5）、弗（4）	富（1）、浮（1）、伏（1）
gao	高（5）	告（2）
ge	哥（14）	格（11）、革（6）、各（1）、割（1）、猧（1）
ha	哈（5）	（无）
hai	海（5）	亥（1）
hua	華（5）	化（1）
ji	基（7）	鸡（2）、嗘（1）
jia	加（31）	茄（3）、迦（2）、甲（2）、佳（1）、家（1）
ka	喀（12）	卡（3）
kan	堪（5）	（无）
ke	克（34）	可（2）、柯（1）

续表

音节（拼音）	常用字（次数）	其他用字（次数）
la	拉（20）	辣（4）、剌（2）、啦（1）、腊（1）、喇（1）
lai	來（6）	赖（2）
lan	蘭（33）	（无）
le	勒（13）	（无）
li	利（49）	里（17）、力（6）、立（3）、理（3）、厘（1）、黎（1）、沥（1）、哩（1）、唎（1）、叻（1）
lin	林（8）	琳（1）
lu	路（9）	卢（4）、鲁（3）、禄（1）、露（1）、嗠（1）
lun	倫（7）	轮（1）、论（1）
luo	羅（15）	啰（2）、洛（1）
ma	馬（14）	玛（8）、麻（2）、吗（2）、码（1）、嘛（1）
mei	美（7）	（无）
mi	米（7）	密（4）、蜜（1）、弥（1）、宓（1）
mo	摩（5）	莫（2）、墨（1）、末（1）
na	納（9）、那（8）	拿（3）、拏（2）、嗱（2）
nai	奈（8）	乃（1）
ni	尼（33）	呢（1）
nuo	挪（5）	（无）
ou	歐（7）	（无）
pi	皮（5）	披（1）、啤（1）
sa	撒（13）	萨（3）
se	色（6）	瑟（1）
sha	沙（11）	杀（2）、鲨（1）
shi	士（12）	施（3）、师（1）、示（1）
si	斯（34）	司（29）
ta	他（5）	（无）
te	特（174）	忒（1）
ti	替（5）	梯（1）

续表

音节（拼音）	常用字（次数）	其他用字（次数）
tuo	脱（14）	托（1）
wei	危（8）、威（7）	维（4）、未（1）、卫（1）、韦（1）
xi	西（30）	昔（4）、喜（1）、夕（1）、玺（1）
ya	亞（50）	啞（3）、牙（1）、鴨（1）、鸦（1）
yi	以（7）	伊（5）、依（3）、义（2）、意（1）、亦（1）
yue	約（5）	（无）

从表 4-2 所列的音译用字来看，选字有以下特点：

一是音译用字以同时期汉语常用字为主，生僻字和创制字较少。使用常用字，能够最大程度地提高音译词的辨识度，让绝大多数人方便、准确地读出该词，起到记音作用。相反，生僻字和创制字辨识度不高，比较容易产生误读的现象，词形更为复杂，不利于记忆。

二是音译选字以词形简单、笔画数少的字为主。从表 4-2 所列的单字来看，使用频率最高的对译字基本上都是同组字中笔画数最少的，比如两画的“丁”，四画的“巴”“以”，五画的“布”“皮”“司”“他”“加”，六画的“多”“西”，七画的“克”“利”“来”，八画的“法”“拉”等。笔画少的汉字字形简单，书写方便，便于记忆。不过，这并不意味着笔画越少就越常用，比如“八”比“巴”笔画少，但“八”很少出现在音译词中，语音和语义对音译词用字也有一定限制作用。

三是音译词选字以单音字为主，多音字较少见。汉语中的多音字需要根据词的语义来确定语音，而外来词中各语素之间缺少内在语义联系，不能对多音字语音起到规约作用。使用多音字会使得音译词的口语读音呈现不同形式，不利于交流和词汇传播。

四是从总体看，大部分音译词选字不借用字义，音译用字不以语义为指导。但是具体到单个音译词，语义可能影响选字，例如，汉语音节 xi 最常见用字是“西”，但在音译 president 一词时使用“玺”。之所以去简就繁，在于“玺”乃是“王者之印”，能表现 president 的权力和权威。这种既顾音又顾义的选字法，使译词的汉化程度更高，也更符合汉字表意性的特点。

（二）“口”字旁音译标记字

除了使用常规汉字以外，还出现了一类专门使用或创造“口”字旁汉字用以音译的做法，例如吋呃、吗啡等。这些字和词的出现主要是在粤语区，《林则徐公牍》中有大量音译词的用字就是通过加“口”旁的方法创造的（游光明，2014：61-66），《英华韵府历阶》《英粤字典》《英华行箧便览》等十九世纪传教士编写的粤语文献中也有大量的记载。从历史上看，以“口”字旁标记音译汉字的做法自隋唐佛经翻译时起就已存在。此类字均为左右结构的形声字，左边“口”字旁表示该词为音译词，右边构字部件提示该汉字的读音，此法在一定时期内比较流行。之所以选择“口”字旁而不是其他的偏旁来加以标识，可能是因为“口”字旁体现了词的口语性质，提示文字所记录的词语与口头表达的声音有关联（张荣荣，2015：127-132），而音译词的本质正是对外语词汇口语语音的摹写。虽然“口”字旁并不具体表意，但是晚清部分的“口”字旁汉字带有一定的贬义（游光明，2014：61-66）。

从音译用字与同时代汉字的关系来看，可以将“口”字旁音译字分为已有字和创制字两类。已有字是存在于汉字系统中的字，音译用字时借其音不取其义。此类汉字主要有①：

【吧】形声字。本义为小儿生气争吵，后借用为象声词。“吧”作音译用字出现频率不高，词库中仅有“吧嘛油”一词。

【啡】形声字。本音为 pèi，表吐唾沫声，又引申作叹词表示鄙视，后演变出 fēi 音，为专门的音译用字，组成“咖啡”“吗啡”等词。

【嘎】形声兼会意字。本音为 gā，后又分化出 gǎ、gá 两音。明清满汉翻译时常用于音译满族人名。

【哈】形声字。在少数民族词汇汉译过程中，也使用过“哈”音译，但音调有所不同。如“哈巴狗”和“哈达”中为上声 hǎ，“哈什蟆”中为去声 hà。

【喀】形声字。较常见的音译用字，明清以及现代许多专名音译中都含有“喀”，如“喀斯特”“喀麦隆”等。

【咖】后起形声字。本义为象声字，后演变成专名的音译用字，语音

① 汉字以拼音顺序排列。

演变出 gā 和 kā 两音，如“咖喱”“咖啡”。

【叩】形声字。“叩”在音译词中并不是常用字，词库中只出现在“叩哈”一词中。

【喇】形声字。最早是藏语译音用字，用作“喇嘛”教。后扩大为一般音译用字，译英语人名地名。

【咾】形声字。非汉语常用字，音译中使用频率不高。

【唠】形声兼会意字。本义为喧哗的声音。后引申指说活啰嗦。音译字中使用频率较低。

【哩】形声字。本音为 lì，该字本就是为音译而造，只不过创制时间较长而已。晚清以前已经吸收进汉语系统，不能算是晚清新起的字。

【唎】形声字。晚清时期常见的译音用字，现代汉语中多变为“利”。

【崙】形声字。汉语生僻字，同“囵”。

【啰】形声字。本义是歌曲中的衬字，无实义。后演变为语气助词。

【吗】形声字。作音译用字读作 mǎ，如“吗啡”。

【呢】形声字。从魏晋隋唐时期的佛教翻译起，就开始使用“呢”作为音译用字，读作 nī，如佛教的六六字大明咒“唵嘛呢叭𠺗吽”。

【哇】形声字。本义为谄谀讨好之声。引申指靡曼的乐声。

【哑】形声字。从口，亚声。本义指笑声。

晚清使用的已有“口”字旁汉字既包含常用字，也包括较生僻的汉字。由于“口”字旁字本义多与声音有关，常做象声词或语气助词，其读音大多有两种以上。因此，使用“口”字旁汉字虽然能够比较直观地了解到词汇的外来性，但是却不能保证语音的唯一性或确定性，容易出现同词不同音、同字不同音的现象，故而此类用字大部分生命力都不强，在现代汉语中被淘汰的居多。除已有“口”字旁汉字外，音译时还创制了许多“口”字旁新字：

【咏】创制字。从口，氷声。用于基督教天使译名“西啦咏”“嗟嘞咏”等词中。

【吖】创制形声字。从口，打声。清代《字彙补》：“飞嘣吖，倭国地名。”此处“吖”字表音。清代以前文献未见“吖”字。清代“吖”字常见于音译词，如“吖咟”“吖哩亚花”。在清代对外交流文献中，也有不少音译人名地名采用“吖”字，如“噫吖哩哑国”等。

【吨】创制形声字。从口，顿声。英语 ton 的音译专用字，表示质量或重量单位。

【嗹】创制形声字。专门的音译用字。清以前文献未见“嗹”。清《宣宗成皇帝实录·卷之三百十九》记载：“港脚嗹船”。“嗹”还出现在“cherub/嗹嘞咏”中。

【啦】创制形声字。音译时出现在“lavender/啦芬特香草”“seraph/西啦咏”等词中。

【叻】创制字。清代以前传统文献未见“叻”字。1915年出版的《中华大字典》中记载：“叻，读若勒。地名。新嘉坡俗称为叻埠，亦简称叻。”

【嘞】创制字。传统字书以及晚清文献未见专名对“嘞”的解释。

【嗱】创制字。音译用字出现在咣嗱、吗嗱等词中。

【咣】创制字。从口，先声。用于“咣嗱”一词中。

与已有汉字相比，创制汉字的读音一般比较单一、稳定；词形异质性较明显，不如已有汉字的接受度高。大多数创制汉字仅使用于某一或某几个词中，没有成为单个音节的常用字。在这些字中，仅有“啦”“吨”保存了下来，而前者主要用于语气词中，后者才算得上是真正意义上的音译词。由此可知，相比以“口”凸显异质成分的做法，汉语更倾向于吸收融合的汉化方式。

（三）化学形声字

在所有晚清的音译用字中，化学元素使用的形声字比较有特点。马西尼（1997：217）认为，这是通过创造新字来创造新词的“唯一例子”。最早尝试根据汉字特点造字为化学元素命名的是德国传教士罗存德，他在汉语“五行”理论的基础上，以“行”字为基础进行拆分，在“彳”和“亍”插入可代表化学元素特点的汉字，构成新字。例如在“彳”和“亍”中加入“水”，造成衍译 hydrogen（今译“氢”）。从其根字的选字来看，以突出元素特点为主，比如 hydrogen 英语词根为“水”，chlorine 颜色为“绿”色。也就是说，罗存德的译名是以意译为主，与音没有太大关联。

罗存德的命名方案理据性不强，笔画繁复，字形臃肿，不便于识记，且用中国五行观念难以完全阐释化学元素的概念（张烨，2019：44-49），最后以失败告终。1871年，傅兰雅和徐寿在《化学鉴原》中采用了另一套化学元素命名方案。在1880年发表的《江南制造总局翻译西书事略》

中，傅兰雅提到了“以平常字外加偏旁而为新名”或“以字典内不常用之字释以新意而为新名”的方法。傅氏“以一字为原质之名”的原则简化了化学元素译名，尤其在复合使用时十分方便；同时，他以偏旁表示物质形态，具有分类学意义，字形也并不复杂，便于人们记忆理解，因此得到了推广。现代的化学元素名大多继承了傅兰雅的译法，采用了形声音译字，其中部分为汉语已有汉字，部分为创制汉字。已有字主要是汉语中的生僻字或是不常使用的汉字，包括：

【钯】形声字。本义是指古代兵器，读作 bā；音译为化学元素 palladium 时音调变化，读作上声 bǎ，沿用至今。

【钡】形声字。本义指未经冶炼的铜铁矿石。晚清时期借用为化学元素 barium 的音译名，沿用至今。

【铋】形声会意字。本义为古代矛一类兵器的柄，也写作“柲”。晚清借用为化学元素 bismuth 的音译名，沿用至今。

【铂】形声字。本义指金属薄片，是“薄”的后起字。晚清借用为化学元素 platinum 的音译名，沿用至今。

【釱】形声字。本义是钳着足趾的一种刑具，类似于今天的脚镣。晚清借用为化学元素 yttrium 的音译名，后弃用。

【鋀】形声字。《集韵》：“鋀，石名似金，或从豆。”又“徒口切，说文酒器也，从金，𠀠象器形，或从豆亦省。”晚清借用为化学元素 thorium 的音译名，读音发生改变，念作 tù，后弃用。

【钒】形声字。本义为拂，指一种器皿。晚清借用为化学元素 vanadium 的音译名，念作 fán，沿用至今。

【镐】形声兼会意字。《说文解字·金部》：“镐，温器也。”晚清借用为化学元素 cobalt 的一种音译名，读作上声 gǎo，后弃用。

【钴】形声字。主要用于连绵词“钴鉧”，本义为熨斗。晚清借用为化学元素 cobalt 的一种音译名。

【铠】形声字。本义是古代打仗时穿的用金属薄片缀成的护身战服。晚清借用为化学元素 caesium 的一种音译名，后弃用。

【扣】形声字。本义为以金玉等装饰器物。晚清借用为化学元素 cobalt 的一种音译名，后弃用。

【硷】形声字。从石，仑声。《玉篇》：“硷，石名。”晚清借用为化学元素 selenium 的一种音译名（译自第二个音节），后弃用。

【鉾】形声字。本义指剑锋。晚清借用为化学元素 molybdenum 的一种音译名，后弃用。

【铌】形声字。本义为络丝的架子，音 nǐ。晚清借用为化学元素 niobium 的音译名，音调发生变化读作 ní，沿用至今。

【鏂】形声字。本义为古代容量单位，二斗为一鏂。晚清借用为化学元素 osmium 的音译名，后弃用。

【硼】形声字。本义是一种石头，读作 pēng。晚清借用为化学元素 boron 的音译名，读作 péng，沿用至今。

【铈】形声字。《玉篇·金部》："铈，剑名。"晚清借用为化学元素 cerium 的一种音译名，沿用至今。

【鉇】同"鍦"。本义指古代矛一类的兵器，读作 shī。晚清借用为化学元素 yttrium 的一种音译名，后弃用。

【鎉】《康熙字典》："鎉，都合切，音答。鎉钩也。"晚清借用为化学元素 thallium 的音译名，读音变为 tā，后弃用。

【鈶】本义指古代原始的翻土农具，读作 sì。晚清借用为化学元素 thallium 的音译名，读音发生改变，读作 tái，后弃用。

【锑】形声字。《说文解字·金部》："锑，鎕锑也。""鎕锑"为火齐珠，一种色黄赤似金的宝石。晚清借用为化学元素 antimony 的音译名，沿用至今。

【鍟】形声字。本义指铁锈。晚清借用为化学元素 zinc 的一种音译名，后弃用。

【铀】形声字。"铀"本为"宙"的异体字，读作 zhòu。晚清借用为化学元素 uranium 的一种音译名，读音发生变化，读为 yóu，沿用至今。

【钲】形声字。本义是古代一种乐器。晚清借用为化学元素 zinc 的一种音译名，音调由阴平变去声，读为 zhèng，后弃用。

【锗】本义为车锏，读作 duǒ。晚清借用为化学元素 germanium 的音译名，读音变为 zhě，沿用至今。

以上化学元素所用的汉字均是晚清以前就有的汉字，其中大部分是生僻字，有个别为常用字（如"铠"）。这些字在晚清的读音基本沿用了字的本音，但也有一部分声调发生了变化，形成表化学元素时的专门读音（如"钯""钒""镐""铌""硼""钲""锗"）。还有少量汉字读音与原本读音发生较大变化或完全不同，如"鋀""鎉""鉇""铀"。选用汉语中的生僻字来翻译化学元素可以“唤醒”汉语中的一些“化石”字，赋予其生机。但是这样做也存在一个问题，那就是有可能会导致误解，正如傅兰雅所说的，某些汉语学家可能在古文献中找到了这些生僻字从而批评化学元素译名用字有误，或者认为中国古代就发现了这些元素。因此他认为最好的方法还是用表分类的偏旁加声符的方法创制字典中没有的字。晚清时期这样的创制字数量不少：

【锿】创制形声字。从金，哀声。晚清为化学元素 iridium 的音译名，后弃用。1952 年第一次氢弹爆炸的残余物中发现一种超铀元素，以爱因斯坦命名为 einsteinium，中国大陆地区译为“锿”。

【钍】创制形声字。从金，土声。晚清为化学元素 thorium 的音译名，沿用至今。

【锆】创制形声字。从金，告声。晚清为化学元素 zirconium 的一种音译名（译自第二个音节），沿用至今。

【锎】创制形声字。从金，卡声。晚清为化学元素 cadmium 的音译名，后弃用。1905 年，德国科学家从氧化镱中分离出的一种新元素，符号 Cp，曾一度获得承认，译作“锎”，后确定是“镥”，故“锎”被舍弃。1950 年，伯克利加州大学以 α 粒子撞击锔，首次人工合成锎元素，这也是第六个被人工合成出来的超铀元素，因此该元素以美国加利福尼亚州及加州大学命名为 californium，中国大陆地区译为“锎”，港澳台地区称“鉲”。

【锂】创制形声字。从金，里声。晚清为化学元素 lithium 的音译名，沿用至今。

【鏋】创制形声字。从金，篱声。晚清为化学元素 cerium 的一种音译名（译自第二个音节），后弃用。

【鏀】创制形声字。从金，陋声。晚清为化学元素 rhodium 的音译名，后弃用。

【镁】创制形声字。从金，美声。晚清为化学元素 magnesium 的音译名，沿用至今。

【锰】创制形声字。从金，孟声。晚清为化学元素 manganese 的音译名，沿用至今。

【鈱】创制形声字。从金，米声。晚清为化学元素 osmium 的一种音译名（译自第二个音节），后弃用。

【钼】创制形声字。从金，目声。晚清为化学元素 molybdenum 的音译名，沿用至今。

【钽】创制形声字。从金，旦声。晚清为化学元素 tantalum 的音译名，沿用至今。

【鑴】创制形声字。从金，雋声。晚清为化学元素 tungsten 的音译名，后弃用。

【碲】创制形声字。从石，替声。晚清为化学元素 tellurium 的一种音译名，后弃用。

【𥐟】创制形声字。从石，地声。晚清为化学元素 tellurium 的一种音译名，后弃用。

【碲】创制形声字。从石，地声。晚清为化学元素 tellurium 的一种音译名，沿用至今。

【硅】创制形声字。从石，夕声。晚清为化学元素 silicon 的音译名。后因与另一化学元素 selenium 的译名“硒”同音而改为 guī 音，但“硅肺病”“硅钢”等词中仍读 xī。

【硒】创制形声字。从石，西声。晚清为化学元素 selenium 的一种音译名，沿用至今。

【鏭】创制形声字。从金，悉声。晚清为化学元素 caesium 的一种音译名，后弃用。

【鎴】创制形声字。从金，息声。晚清为化学元素 strontium 的一种音译名，后弃用。

【鎈】创制形声字。从金，些声。晚清为化学元素 zirconium 的音译名，后弃用。

【铟】创制形声字。从金，因声。晚清为化学元素 indium 的音译名，沿用至今。

【鈾】创制形声字。从金，于声。晚清为化学元素 uranium 的一种音译名，后弃用。

与已有的生僻汉字相比，新创制的形声字读音明确且不受原字字义干扰，减少了产生误解的可能。但是造字的问题在于，当时挑剔的中国文人比较反对这些非“正统”的汉字（沈国威，2010：121-134）。除此之外，在创制初期，由于音译时只取源词一个音节，有时也会出现汉语译名同音的现象，如硅、硒、鏭、鎴。不过总体上看，由于创制字是在遵守汉字可分解性以及偏旁部首表意性的原则下产生的，汉化特征明显，逐渐被大众接受。创制字中一部分字形简洁、读音贴近的汉字一直沿用至今；一部分创制字因为字形或读音原因被弃用。需要指出的是，有些字虽然在某段时间被弃用，但是在新时期又被重新启用成为新的化学元素音译名，如镓、锎。事实证明，创制字在汉语系统中同样具有较强的生命力。

第二节　晚清音译外来词用字与词形演化路径

一、单一词形的演化与分布

虽然颜惠庆辞典中有相当一部分音译外来词只有一种音译词形①，但并非所有音译词都完整地保留至今。出于种种原因，它们或被调整，或被淘汰。总体上看，单一词形的用字与演变有以下几种情况：

（一）词形沿用

对于单一音译词形而言，最理想、最便捷的演化结果是词形用字得到保留和延续，并成为现代汉语中的规范用法。此类词汇共有 61 个，具体分布如下（见表 4-3）：

表 4-3　单一音译词形沿用分布情况

类型	数量	例词
地名	14	Afghan/阿富汗、Finland/芬兰、Macedon/马其顿
动植物名	2	lemon/柠檬、shark/鲨鱼
度量衡	3	dozen/打、pound/磅、farad/法拉
化学医药	14	lithium/锂、soda/苏打、morphine/吗啡
经济生活	4	fee/费、coolie/苦力、shilling/先令
军事政治	1	utopia/乌托邦

①　本节只讨论音译词形。有些外来词既有音译词形也有意译词形，音译与意译的竞争将在第六章具体讨论。

续表

类型	数量	例词
民族种族	1	Moor/摩尔人
人名	6	Henry/亨利、Darwin/达尔文、Bentham/边沁
食品饮品	2	beer/啤酒、pudding/布丁
宗教神话	14	messiah/弥赛亚、Canaan/迦南、Levi/利未
总计	61	

就统计数据而言，宗教神话、化学医药以及地名类词形沿用最多，其次是人名。宗教名称的相对统一与稳定和《圣经》的翻译与规范有密切关系。我国早在唐代就出现了《圣经》的汉译，但是晚清以前的版本早已失传。明末清初天主教传教士来华传教，但是他们大多只翻译了《圣经》中的部分内容，并没有系统性地开展译经活动。十九世纪，新教传教士来华宣传教义，由于新教以《圣经》为唯一依据，认为世人可以自己通过《圣经》而不是通过神父主教和上帝进行交流祈祷，传教士们来华后开始了系统性的翻译工作，出现了大量汉译版本。民国前，共有马士曼、马礼逊、郭实腊、裨治文、高德、杨格非、委办等十多种译本。诚然，不同《圣经》译本各有所长，但随着译本数量增多且流通区域不同，也出现了许多问题。1890 年在上海召开的传教士大会上，各宗教机构决定共同修订出版一部联合的《圣经》译本。这项举措也表明译经者解决神学分歧、译经原则、各地方言、遣词用句等问题的决心（蔡锦图，2018：21-22)。1904 年《浅文理和合译本》出版，两年后《深文理和合译本》出版，这两个版本推动了《圣经》译名的统一与规范工作，在当时影响很大。在此基础上形成的《国语和合译本》一直影响到今天，故而在《英华大辞典》中出现的宗教类英源音译外来词的用字与词形很多都得以承继。

与其类似，化学名称的引入也经历了一个规范化的过程。傅兰雅和徐寿在《化学鉴原》中的译名方式与原则得到了社会的支持与接受，因而在《英华大辞典》编纂时已经有相对固定的词形存在，并沿用至今。在地名词汇方面，得以沿袭的词形大部分是国家名或是首都名。换言之，是流通性较高、相对重要的地理名称，一般城市地名的音译形式并未统

一、延续。人名也有类似趋势。只有在当时具有重要地位、影响力大的学者专家姓名没有发生改变，比如进化论的创始者达尔文和著名的哲学家边沁。此外，这些沿用的词形也主要是音译姓氏，关于名的音译形式保持原样的较少。

（二）词形调整

词形沿用在整个词形演变中所占的比重并不高，因为在历史发展中有诸多因素会影响用字。《英华大辞典》中单一词形的音译词虽然在现代汉语中仍以音译的形式存在，但是出现了不同程度的调整。有些词大部分保留了《英华大辞典》中的用字，仅个别汉字出现了调整；有的词变化得更为彻底一些，几乎面目全非。出现调整的音译词形共有 169 个（见表 4-4）：

表 4-4　单一音译词形调整分布情况

类型	数量	例词
地名	72	Derby/德尔比→德比、Fiji/非基→斐济
地质矿物	1	mocha-stone/莫克鸭呆脱→摩卡石
动植物名	10	dahlia/叨哩亚花→大丽花、cyclamen/沙克赖→仙客来
度量衡	7	gallon/咖喻→加仑、ohm/殴穆→欧姆、carat/加辣→克拉
工业产品	1	morocco/麻啰哥皮→摩洛哥革
化学医药	18	fluorine/弗→氟、picoline/皮哥里尼→皮考林、salep/萨里伯→色利普粉
经济生活	2	trust/脱辣司→托拉斯、penny/边尼→便士
军事政治	3	rifle/来福鎗→来复枪、druids/督伊德→德鲁伊特
民族种族	13	Gypsy/支波西族→吉普赛人、Celt/色勒特人→凯尔特人、Teuton/条顿民族→修顿人
人名	21	William/威灵→威廉、Napir/奈毕→纳皮尔、Banting/彭丁→班廷
食品饮品	5	curry/咖喱粉→咖喱、canary wine/喀那利酒→加那利白葡萄酒
文化艺术	2	Corinth/哥林多式→科林斯式
宗教神话	14	manna/吗嗱→吗哪、hosanna/和撒那→和散那
总计	169	

由表可见，人名地名等专名的调整幅度最大。与沿用的词形相比，调整的地名以非首都的城市名为主。个别国名也出现了变化，但调整幅度不大，仅改变了单个用字。与国名不同的是，城市名大多不是以单独词条的形式出现在英语蓝本辞典中，但在单词释义中又重复出现。由于缺乏对城市名的语音标注，词典编纂者对城市名的读法存在一些差别，因此这些词的用字调整以语音规范为主，而非单纯的汉字调整。调整人名主要在“名”的音译选择上，以语音规范为主要动因。此外，人名调整还涉及不同翻译策略的选择。关于词形调整与演变的具体原因及影响因素将在下一小节详细论述。

（三）词形移用

晚清音译外来词除了沿用和调整外，有个别词在现代虽仍有使用但所指发生变化，变成与晚清时所指没有任何语义联系的新词，这种现象可以称之为词形的“移用”。在本书的词库中，共有两个词出现了移用现象，均为化学元素名。

一为“锿”，晚清时期是化学元素 iridium 的音译名。从语音角度来看，“锿”［ai］与 iridium 的首音节［ɪ］的语音相似度并不高，故而在规范过程中被读音更为相似的“铱”取代，出现了一段时间的词形退位。1952 年 12 月由加州大学伯克利分校物理学家吉奥索等人首次在氢弹爆炸的残余物中发现了这种超铀元素，以爱因斯坦命名为 einsteinium。由于英文首音节为［aɪn］，“锿”与其元音部分语音相似度高，故而又启用了“锿”命名这种新的物质。

二为“锎”，晚清时期为化学元素 cadmium 的音译名。在颜惠庆《英华大辞典》中仅有“锎”这一名称，但是 1911 年卫礼贤编纂的《德英华文科学字典》中出现了“镉”，形成了“镉”“锎”并存态势。“镉”带有粤方言特点，粤语中，镉、膈、滆、鬲、嗝等字都读作［kak］，与 cadmium 的首音节［kæ］有语音近似性。1914 年赫美玲的《英汉标准官话字典及翻译手册》中仅出现“镉”，同时标识为“部定词”即标准科技术语，是当时中国大学和学者们使用的词。由于这本词典同时也是一本为翻译工作者准备的手册，对“镉”地位的肯定起到了推动作用。之后，“锎”不再用作 cadmium 的汉语译词形，但“锎”字并未在汉语中消失。1950 年 2 月，美国伯克利加州大学的物理学家们用回旋加速器将 α 粒子撞击锔原子，产生了一种新的元素和一个自由中子。新元素以加利福尼亚州及加州大学命名为 californium，“锎”字重新被激活，成为 californium 在中国大陆地区的译名，港澳台地区称“鉲”。

（四）词形淘汰

除了沿用和调整外，还有一部分音译外来词最终舍弃了音译形式。这类词共有 83 个（见表 4-5）：

表 4-5 单一音译词形淘汰分布情况

类型	数量	例词
地名	2	Caledonia/加利多尼亚→古苏格兰
地质矿物	13	phosphorite/发斯福而爱脱→磷灰岩、schorl/舍耳勒石→黑电气石、wernerite/韦尔纳来得→方柱石
动植物名	14	gorilla/哥利拉→大猩猩、colchicum/哥枝禁→秋水仙、lavender/啦芬特香草→熏衣草
度量衡	1	acre/哀克→英亩
工业产品	4	argyle/哑格爱耳→多色菱形花纹、telephone/德律风→电话、calamanco/加拉盲哥大呢→方格光面呢
化学医药	38	acetylene/阿西台利尼→乙炔、proteine/布路得以尼→蛋白质
经济生活	3	comprador/康伯度→买办
军事政治	2	president/柏理玺天德→总统、ultimatum/哀的美敦→最后通牒
食品饮品	3	galantine/咖冷颠食→冻肉卷、sherbet/香冰→果子露
文化艺术	1	threnody/萨露歌→哀歌
宗教神话	3	cherub /噻咯咏→小天使
总计	84	

在所有被淘汰的音译词形中，化学医药类最多。与前两类不同的是，被淘汰的化学类音译词主要是化合物译名而非化学元素名。化合物采用音译的缺点在于：其一，名称太长、难以记忆；其二，使用音译后难以体现与化学单质或相关化合物的联系。因此，大部分化合物音译名都从

意义上进行了改造，摒弃了完全音译的做法。矿物类名称音译词形的淘汰也是出于类似原因。第二类变动较大的是动植物类名称。中国在历史的发展过程中形成了一套动植物命名取象的规律和方法。植物命名以形态、功能、时令、颜色、味道等角度最为常见。动物命名中，形体、纹色和绘声三类是最为集中的，其次是性态、动作、食性、活动空间等形象性稍差一些的元素（李海霞，2002：103）。可以说，汉语动植物名称是意义集合体，人们可以从名称上窥见动植物的某些特点，即便是拟声名，也是对动物鸣声的反映。反观音译外来动物名，它们无法从词形上提供语义解读的可能。最初人们并不了解这些动植物时，音译名起到了填补语义空缺、方便指称的作用，但是随着对于动植物认识的加深，音译名音节过长、无法见形知义的缺点便凸显出来，于是，人们便以传统命名取象的方式将这些动植物名称进行“汉化”。

二、同源异形词的演化与分布

外来事物和概念的引入并不总是以单一形式存在于语言系统之中。事实上，有相当一部分音译外来词在晚清时期是多词形共存，用字出现激烈竞争。源于同一外源单词、指称同一事物或概念、具有等义关系的一组外来词可称为“同源异形外来词”。同源异形外来词既包括同一译介方式产生的外来词，也包括不同译介方式产生的外来词。此处仅对同一译介方式下的同源异形词（即同源音译词）进行讨论，不同译介方式下的同源异形词将在第六章相关章节展开论述。

（一）一个词形原形占位

在同组同源异形词中，一个词形占位成功并成为汉语词汇系统中的规范形式，其他词形淘汰是最理想的竞争结果。在《英华大辞典》中共有39组音译同源异形词属于此类，每组至少有两个，至多有七个等义译名（见表4-6）：

表4-6　同源异形一个词形原形占位分布情况

类型	数量	例词
地名	16	Madagascar/马达加斯加岛；马达加司加岛；马达格斯格岛；马脱加司加岛；马大克斯克尔岛；马达嘎斯加岛；玛大嘎司嘎岛

续表

类型	数量	例词
动植物名	1	mango/芒果；檬果；樣果
度量衡	1	ton/吨；墩
工业产品	2	flannel/法兰绒；福兰绒
化学医药	12	cobalt/扣；钴；镐；苦抱尔、molybdenum /钼；鉾；锢
民族种族	3	Saxon/撒克逊；撒可森
食品饮品	3	coffee/咖啡；茄啡；茄非、brandy/伯兰地酒；白兰地
文化艺术	1	Latin/腊丁；拉丁
总计	39	

在这些同源异形中，用字调整的情况大不相同：有部分组别是同音汉字之间的竞争，如 Italy 各译名分别选取“以”“义”“意”对译首音节，汉字读音区别不大；有的组别则是进行了语音规范，例如 flannel 以两个辅音起始，借入汉语时需要对［f］进行增音以构成合法的汉语音节，“法”和“福”体现了两种不同增音方式的竞争与选择；有的组别则是基于翻译方式和理念的选择，如 antimony 的全音译“安的母尼”和缩译形式“锑”。

（二）一个词形调整占位

在同源异形词中，虽然有些词最终以单一词形的音译形式存在于现代汉语词汇中，但是并不是直接采用晚清的某种词形，而是或多或少经过用字调整后占位成功，其他词形退出语言系统。此类情况共 49 组（见表 4-7）：

表 4-7　同源异形一个词形调整占位分布情况

类型	数量	例词
地名	19	Ireland/哀尔兰；哀耳兰；爱耳兰；埃耳兰；埃尔兰→爱尔兰
动植物名	4	sardine/撒颠鱼；沙定鱼；沙井鱼→沙丁鱼
度量衡	1	volt/弗打；福尔；倭尔→伏特

续表

类型	数量	例词
化学医药	6	caesium/鏭；铠→铯、kino/鸡罗；佳奴→吉纳（树胶）
经济生活	1	pence/辨士；边士→便士
民族种族	1	Malay/马雷；玛雷→马来人
人名	7	Edward /爱德；爱德华德；爱特华特；哀德哇德→爱德华
食品饮品	4	whisky/威士杞酒；卫司格酒→威士忌
文化艺术	4	Ionia/哀欧尼亚式；耳我尼克→爱奥尼亚式
宗教神话	2	Helicon/海里冈山；哈立根山→赫利孔山
总计	49	

与第一类原形占位所不同的是，此类词最终在现代汉语中的用字较之晚清或多或少都有调整。有些词在晚清词形已经大体趋于稳定，只是在个别音节的对译汉字选择上存在差异，例如以 Ireland 为源词的五个同源异形词，在后两个音节的选字上趋于一致，“耳兰”或“尔兰”选其一，但是首音节的选字差异较大。在词形统一过程中，[ɚ] 音节通过人为规范为“尔”，而 [ai] 除语音外还考虑了字的联想义。有些词的词形调整体现出对源词读音掌握准确度的提高，例如 Helicon 的首音节 [hɛ] 中的元音 [ɛ] 与晚清译名“海” [xai] 和“哈” [xa] 的 [a] 音位音相比，开口度要小一些，在现代汉语中就调整为了语音近似度更高的“赫 [xɤ]”。有的词在晚清时期主要以粤语词形存在，发展到现代通过语言规范变成了官话词形，这类方言词形有的仅是对字形进行调整（例如 arrack/哑叻酒；亚沥酒→亚力酒）；有的则是从形到音整体调整（例如 chocolate/初高辣；查果聿→巧克力）。

（三）两个词形占位

同源异形音译词的竞争除了出现一个词形占位成功的情况外，在词库统计中也发现了两个词形同时占位成功的情况。此类情况出现的次数较少，仅发现四组。这四组词之所以会出现多词形而非单词形占位，主要是因为需要由不同的词形承担不同的语义功能。根据语义功能的不同，又可以细分为四类：

1. 同位等重分布

同源英语词在进入汉语时分化出的不同音译词形，其所指对象概念意义完全相同。这类语义相等、共同占位的同源异形词属于“同位”分布。如若不同词形之间没有明显的倾向或使用差异，其语义和功能基本相等，则可视为“同位等重”的词形分布。词库中有一组这样的词：Arthur/亚瑟、阿瑟。“亚瑟”一名带有粤语影响的痕迹，但是使用得较早，传播已经比较广泛；“阿瑟”则是符合音译规范的一种词形。两者用字没有优劣之差，在现代英美人名的翻译中均有使用。

2. 同位不等重分布

同源英语词在进入汉语时用字不同分化出不同的音译词形，其所指对象概念意义完全相同，但不同词形使用有明显差异，某一词形出现频率远超另一词形，这种情况可视为“同位不等重”分布。目前在《英华大辞典》中仅发现一组“同位不等重”的词形分布：ammonia/氨、阿摩尼亚。

这两个词同为 ammonia 的音译词，现在依然存在于现代汉语词汇系统之中。前者为音译的缩译形式，后者为音译的全译形式。在概念指称上它们并没有任何不同，均是指分子式为 NH_3 的这种氮氢化合物，属于“同位”分布。缩译的“氨”采用的是傅兰雅提出的形声音译法，以“气”字头标志 ammonia 为气体，以“安”标记英语的首音节读音。它在汉语词汇系统中是常见词汇，具有常用性和能产性。大部分与 ammonia 相关的事物，都是以“氨”为名，例如“氨纶”“氨基酸”“转氨酶”等。采用全音译法的“阿摩尼亚”在现代汉语中虽然也有使用，但是范围大大受限。从 BCC 语料库中新闻报刊类语料的检索结果来看，“阿摩尼亚”的频次远不如“氨”，到二十世纪九十年代基本上已经不再使用。现在还能见到“阿摩尼亚”的词组也仅限于“阿摩尼亚水”，且“阿摩尼亚水”与“氨水”共存。可以说，这两个词形在重要性上的差别非常显著。

3. 异位等重分布

有些英语源词本身具有多个义项，这些义项以不同的词形进入汉语，在意义以及用法上的重要性不分高低，具有同等价值，这种现象可称为同源异形词的“异位等重”分布。“异位”与“同位”的区别在于，“同位”词形在指称意义或概念意义上是完全相等的，如“盐/氯化钠”。不同词形是根据不同语用环境所做出的选择。“异位”词形虽是同一源词分化而出，但是其指称意义完全不同，是由不同义项分化而来。如果分化的词形在汉语词汇系统中使用频率与重要性大体相当，那么就呈现出“异位等重”分布的情况。

在词库中仅发现一组这样的同源异形词：pound/磅、镑。英语 pound 来自拉丁语 pondo，是表示重量或质量的基本单位。在英美国家，pound 所表示的实际重量值需要根据具体的应用场景才能确定。如果是使用常衡盎司，则一磅等于 16 盎司；如果是使用金衡盎司，则一磅等于 12 盎司。后者现在基本上已经不太常用，一般仅用于贵金属重量的度量。pound 除表重量外，后又演变出表示货币的义项。一 pound 等于二十先令或二百四十便士，最初发行时其重量等同于一磅白银，故而得名 pound。pound 最初传入中国时，两个义项共享同一词形“磅”。到了十九世纪中晚期，开始分化出“镑”表示英国的货币单位。此后这两种词形各司其职，以“石”字旁表重量，“金”字旁表货币，在汉语系统中处于同等重要的地位。

4. 异位不等重分布

以“异位”形式存在的同源异形词，如若其使用频率和地位并不相等，那么就呈现出“异位不等重”的分布情况。在词库中，“异位不等重”分布的有一组词：Elizabeth/伊莱沙伯、伊丽莎白。

Elizabeth 这一名字出自《圣经》，译为伊莱沙伯。摩西兄长大祭司亚伦的妻子就名为伊莱沙伯（希伯来语）。除此之外，它还是施洗约翰母亲的名字（希腊语）。据《新约 · 路加福音》记载，伊莱沙伯与丈夫撒迦利亚毕生侍奉主，是虔诚的信徒，但两人一直没有子嗣且逐渐年迈。就在这种无以为盼的时候，天使显灵表示主已经听见他们的祈祷。伊莱沙伯后来生下一个儿子，起名为约翰，也就是后来的施洗约翰。由于这一典故，英美人喜欢以这一名字给女孩起名。Elizabeth 的译名出现了分化。《圣经》相关的人物仍然用了“伊莱沙伯”，保证延续性，但是在普通人名中，已舍弃这一词形，选用了更具有女性特征的“伊（代称女性）”“丽（美好）”“莎（女性起名常用植物名）”“白（肤白）”。所指上，“伊莱沙伯”和“伊丽莎白”已经不再相同，形成了圣经人物专名和普通人名的对立。在词形分布中，“伊丽莎白”占有主导优势，使用范围较广，而“伊莱沙伯”无论是频度还是广度都不及前者。

（四）词形退位

同源异形音译词竞争的另外一种结果就是不同形式的音译名都没有进入现代汉语词汇系统中，这种演化结果可以称为词形退位。在词库中此类情况数量不多，仅出现了6组（见表4-8）：

表4-8 同源异形词形退位分布情况

类型	数量	例词
地名	2	Iceland/哀司兰；爱斯兰；埃斯兰；义斯兰→冰岛
动植物名	1	guaiacum/圭厄禁；古阿古木→愈疮木
工业产品	1	cement/塞门德坭；胶灰；水门汀→水泥
化学医药	2	picric acid/毕格里克酸盐；毕克里克酸→苦味酸
总计	6	

这六组词中的音译词形均不是因为所指事物退出历史舞台而退出词汇系统，而是全部被意译词取代。就连最适用于音译的地名也可能选取意译的形式，例如Cambridge音译为“堪卑（立）支”，音节较长且较为拗口。源词Cambridge可以拆分为cam-和bridge两个部分，前者表示“弯曲的”，后者意为“桥梁”，徐志摩曾在诗中将其称为“康桥”，采用的就是音译加意译的方式。不过最后还是“剑桥”略胜一筹。“剑桥”最初可能是粤语的译法，“剑”在粤方言中读为［kim］，与［kem］发音相似，此外，“剑”也有种锐不可当的气势。另一个地名Iceland则是将词拆为ice（冰）和land（土地）两个部分，用汉字以相同的构词法组成“冰岛”。但是并非所有可以拆分的地名都采用此法，例如Greenland可以拆为green（绿）和land（土地）两个部分，但是最终的名称定为“格陵兰岛”而非“绿岛”，主要是因为冰岛位于北极圈边缘，有非常著名的冰川海湾，用“冰岛”可谓名副其实。格陵兰岛全岛终年严寒，内陆地区终年冰冻，整个岛屿超过80%的土地被冰盖覆盖，这里之所以被称为Greenland，是因为当时的发现者希望给此地起个好名字以吸引移民者，若以“绿岛”为其汉语名称，则名不副实。由此不难看出，地名是否音译还受源语和译语语义的影响。

从上述分析中可以看出，《英华大辞典》中大部分音译词以音译的方式沿袭到了现代，其中又以人名地名这类专名为主。即便是剔除掉人名地名以后，还是以“音译→音译”的发展路径为主。但是这种承继并非一成不变的，相比之下受到用字调整的词形要多于未调整的，这也反映出了汉语在与异族语言文化接触的过程中，会不断地吸收和改造异质成分，译词逐步实现较为规范的“汉化”。

第三节　晚清英源音译词用字与词形调整的影响因素

一、语音因素

音译词以语音为基本出发点。英汉语音及音系特点对音译词词形的选择起到了最为直接的规约作用。这种作用体现在单个语音和音节的逐步规范上，对词形用字和词长都有影响。

（一）语音的相似性

所谓语音规范，就是在语音映射过程中，逐步形成一套共同遵循的规则，使原有不合乎规则的情况变成合乎规则。语音规范是推动音译词词形产生变化的重要因素，这种规范主要体现为语音相似性上。

音译词的语音规范问题可以从源词和译词两个方面进行把握。在语言接触初期，人们对于外语词的语源情况或单词发音掌握得并不一定十分准确，因而在“见形知音”的过程中可能会产生错误的读音，例如法国地名 Nice 与英语单词 nice 同形，但是前者读作/nɪs/，后者读作/naɪs/。颜氏辞典中所选用的“纳斯”，正是因为对地理知识和法语发音缺乏了解所导致的；现代汉语中，该地名就以法语发音为准规范为了“尼斯”。另如 Guiana/奇亚拿、Torricelli/陶历赛尼等都是由于汉语词汇的语源从英语反推回英语词汇的语源，才发生了语音的改变。

除此之外，汉语中的音译词也会因为英语单词发音的变化而变化。以 Celt 一词为例，它是欧洲民族之一，在罗马帝国时期与日耳曼人、斯拉夫人一起并称为欧洲的三大蛮族，也是现今欧洲人的代表民族之一。Celt 主要分布于西欧，包括如今的爱尔兰人、苏格兰人、威尔士人、英格兰的康沃尔人和法国的布列塔尼人。英语词 Celt 是十七世纪从法国借入的，因此首字母 c 读音为软音 c 即/s/音。英文字母 c 一般在元音字母 e、i、y 前也读作/s/，例如 ceiling。/sɛlt/的读音合乎英语发音规律，也是当时 Celt 的读法。但是几个世纪以后，Celt 读音发生了变化，形成了一个变体，首字母 c 由软音/s/变为硬音/k/，读作/kɛlt/。不过此时，/s/并没有被/k/取代，仍然是最常用的读音。1926 年 Henry Fowler 编纂的《现代英语用法词典》对 Celt 的两种读音是这样评价的："首字母拼写为 C-以及发音 s-是目前公认的（拼写和发音），将其替换为 k-看上去毫无意义。"① 在《英华大辞典》中汉语名"色勒特人"与当时单词的发音情况与社会选择是相适应的。Celt 产生/k/变体的主要原因在于，若将 Celt 进一步追根溯源到其拉丁语源 Celtae 时便会发现，在拉丁语中的 c 读为硬音/k/。欧洲文艺复兴以后，各民族语言虽然取代了拉丁语，但拉丁语在学术和宗教领域仍有较高的地位。1998 年 Bryan Garner 编纂的《现代美语用法词典》就指出历史学家们"一般喜欢/k/音"。《美国传统词典》中也写道："虽然许多人发音时读作/s/，但是/k/从历史、语言和社会学角度来看才是标准的。有意思的是，/k/音的引入是由学者引发的改变，与单词本身的历史发展过程背道而驰。"②在学者们的推动下，更符合词源特点的/k/音逐渐与/s/音分庭抗礼甚至开始居于较为强势的地位。在现代的主流英语辞典中，Celt 以/k/在前、/s/在后的排序标注两音。汉语中若也有两种形式，势必会引起一些不必要的麻烦，因此，汉语将 Celt 的音译形式进行了规范和调整，本着"名从主人"的原则选择了当下较为强势的/k/，形成了从晚清的"色勒特人"转变为现代的"凯尔特人"。

源语变化是汉语音译外来词用字与词形发生改变的内部力量。语言的词汇系统在一定程度上具有稳定性，故而由源语变化导致的汉语词形变化虽有但不多，大部分的词形语音调整体现的还是一种汉语内部的语音规范。这种规范体现在三个方面：

第一，方言语音向官话语音转化。从前文语音部分章节的统计分析中不难发现，在早期英汉语言接触时存在官话、粤语、吴语至少三条接触渠道。其中，广州、上海是鸦片战争后最早的通商口岸之一，又是新

---

① 英语原文：The spelling C-, & the pronunciation s-, are the established ones, & no useful purpose seems to be served by the substitution of k-.

② 英语原文：Although many people pronounce this word with an initial (s) sound, an initial (k) sound is standard in historical, linguistic, and sociological contexts. Interestingly, the introduction of the (k) sound is a linguistic change started by scholars, contravening the historical development of the word.

教传教士较多的地方，所以粤语、吴语的传入渠道有着较强的影响力。但是粤语和吴语毕竟是方言，这些方言词以书面形式在国内传播后会形成“方音官读”现象。人们在读音上很难再寻到音译词与源词之间的语音联系。这种情况也不符合音译词与源词“语音相似”的要求，因此方言词形需要被规范，形成新的官话词，因此也出现了 carat/加辣→克拉、trust/脱辣司→托拉斯等由语音调整引发的用字与词形调整。当然，语音规范并不会把所有带有方言色彩的音译外来词全部剔除出去，有些流传时间较长、社会接受度较高的音译外来词，仍保留在了现代汉语词汇系统中，如“咖啡”“雪茄”等，只不过留下的数量较少。

第二，剔除方言因素后，还要规范汉语官话与英语音位的映射关系。以元音而言，语音规范最主要的内容就是提高英汉对等词汇的语音象似性。这可以从两个方面来理解。首先，象似性表现在元音音质的相似性上，即汉语音译词的元音在听觉上与英语源词保持一致。例如 mango/ˈmæŋgo/的第一个元音为/æ/，而汉语音译形式有芒果［mɑŋ］、槺果［mɑŋ］和檬果［məŋ］三种，首元音包含［ɑ］和［ə］两种形式。从音系角度而言［ɑ］与/æ/同为低元音，而［ə］是游移性较强的央元音；从听觉感知角度而言，［ɑ］与/æ/的音色更为接近。因此，在语言的选择中，差异性较大的［ə］被淘汰，具有象似性的［ɑ］胜出。若汉语无法用单元音表示，需要选用多个元音共同表示英语某个音节中的元音时，也需要最大程度地保障语音的相似性，例如 Norway/ˈnɔrˌwe/中的/ɔ/语音近似汉语的［o］，但是汉语中［no］是不合法的音节，因此需要将其变为合法音节。一般情况下，音译时大多会选择含有对应元音的元音组合（即复韵母），例如 Norway 的两种音译形式挪［nuo］与瑙［nau］相比，［uo］与［o］主要元音一致，不论十三辙还是十八韵均为同一韵部，音感更相近；［o］与［au］分属两个韵部，音感差异较大，因此首字的选择最终从“瑙”改为了“挪”。其次，语音象似性还表现在元音数量的象似性上。晚清时期的许多音译词单双元音的对应上并不十分严格，常有单元音映射为双元音即增音的现象，例如 Bloomer/mɚ//孛罗茂［mau］、Malta/tə//玛拉太［tai］、Helicon/hɛ//海里冈山［xai］、Arthur/θɚ//阿叟［sou］、Canterbury/bɛ//堪特拜赖［pai］等，后来分别被［mo］、［t^ha］、［xɤ］、［sɤ］、［po］取代。同样，英语双元音最初映射为汉语单韵母的也可能调整为双韵母，例如 Diana/daɪˈænə/从“达

［ta］阿拿”变为“戴［tai］安娜”。语音规范后，最主要的映射方式得以进一步加强，一些零散的映射方式消失不见，语音借入呈现更明显的规律。

辅音方面也有类似情况。首先，辅音语音与音位特征在规范中起到重要作用。在所有辅音规范中，塞音组调整最多，其主要调整方式就是以汉语的送气/不送气音位对立特征来反映英语的清/浊对立特征，例如quinine/ˈkwaɪˌnaɪn/晚清时期的词形“规那盐”以不送气音节［kui］对应清塞音音节/kwaɪ/，不符合“送气-清音、不送气-辅音”的映射规律，因而后改为“奎［k^{h}ui］宁”。类似的情况还有gypsy/ˈdʒɪpsi/由“支波［po］西”变“吉普［p^{h}u］赛”，Cumberland/ˈkʌmbələnd/由“根［kən］伯伦”变“坎［k^{h}an］伯兰”等。尽管并非所有塞音映射都遵循这一规律，有些塞音因为语义、字形或其他原因可能成为反例，但总体而言以送气特征映射清浊特征的调整在塞音规范中占比最大、最为常见。其他类型的辅音也呈现出向主要映射方式靠拢、淘汰非主流方式的特点，比如音节尾鼻音以/n/→［n］、/ŋ/→［ŋ］的忠实映射为主，因此Westminster/ˈwɛstˌmɪnstɚ/将原有的后鼻音“明［miŋ］”变为前鼻音“敏［min］”，link/lɪŋk/由“林［lin］克”变为“令［liŋ］”。

其次，辅音除音位映射置换外，还有增音出现。增音主要出现在辅音丛和音节尾，增音时所选择的元音也需要规范。在辅音丛中，增加的元音应与辅音丛后第一个元音音质相似，如flannel/ˈflænəl/音节首有两个辅音/f/和/l/，随后的元音为/æ/，因而在汉语中应形成近似［fæ］的音节。晚清时有“法兰绒”和“福兰绒”两种词形，显然前者更符合这一规律，因而被历史选择。再如Florence/ˈflɔrəns/中/fl/后跟/ɔ/，因此音节首的增音也应选择与/ɔ/接近的音，故而原有的“福”被“佛”取代。在音节尾的增音中，响度较高的元音需要被响度较低的元音替换，以降低元音的存在感实现语音近似的最大化，例如salep/ˈsæləp/晚清时的词形为“萨里伯［po］”，词尾辅音［p］后增加的是响度较高的元音［o］，于是后来被响度较低的［u］替换，变为“色利普［p^{h}u］”；volt/弗打［ta］中的［a］响度也比较高，在后期被发音短促、响度较低的［ɤ］取代。

再次，辅音借入中还存在空缺音位映射的问题。英语中的/θ/、/ð/、/v/、/ʃ/、/ʒ/、/tʃ/、/dʒ/等在汉语中均属于空缺音位，借入时映射情况较为复杂。有些音位（如/ʃ/）的映射仍然未能形成较为明显的借入倾向，但有些音位的语音映射已经在发展中规范统一。以浊擦音/v/为例，晚清时期官话还存在南方官话影响的痕迹，而在北京话以及现在普通话中［v］与［w］属于相同音位的音位变体，不存在意义上的区分。由/v/→［w］的映射更符合现在的语言生活，所以浊擦音/v/的用字出现了［f］音字向［w］音字的调整，如 Venis 由“非［fei］尼斯”变“威［wei］尼斯”，Bolivia 由“玻利非［fei］亚”变“玻利维［wei］亚”，Virgil 由“非［fei］基尔/复［fu］极尔”变“维［wei］吉尔”等。

第三，除前文所提的两个因素外，音译词还可能为了区别意义而进行人为的语音调整，这一点主要出现在化学元素名中。由于化学元素采用的是首音节音译的缩译形式，导致出现了大量同音词。这些词在书面表达中不会造成困扰，但影响口头交流，因此需要人为变更其语音和用字，例如 caesium/鏭、silicon/硅、strontium/鎴、stannum/锡四种化学元素晚清时出现的汉语名同音，因此需要人为干预。中国古代就有对“锡”的记载，《说文解字·金部》：“锡，银铅之间也。”《周礼·考工记》中记载：“六分其金而锡居一，谓之钟鼎之齐。”因此，只有 stannum/锡保留了下来。caesium 保留音节首的辅音［s］新造一字“铯”，strontium 则选用了声母同为［s］而韵母不同的生僻字“锶”。Silicon 的情况稍微复杂一些，邵靖宇在《硅字的来历和变迁》中是这样解释的：1932 年中国化学会审定化学名称时，创造了一个新字“硅”，并将读音规定为［ɕi］。这样做一是与英语源词语音相近，二是与“菜畦”的“畦”（当时读［ɕi］）读音相同，而“畦”为土壤，主要成分为硅酸盐类物质。但是由于当时没有积极推广汉字注音方案，大多数人按照同声旁的“圭”“桂”“闺”将其读作了［kui］。1935 年，中国化学会的学者们发现了这个误读的问题，又新造了“硅”字。在五十年代召开化学名词审定会议时，又有学者提出化学中读作［ɕi］的字太多，容易发生混淆，建议改回之前的硅［kui］（邵靖宇，2008：46-48）。这篇文章中对于“硅”和“硅”的考证存在一些问题，例如，“硅”不是三十年代才新造的字，它出现在了 1908 年颜惠庆《英华大辞典》中。“硅”也是古字，《龙龛手鉴》：“硅，虎伯切。”《广韵·陌韵》：“硅，硅破。”但是，文章提供的史料也进一步证明了，“硅”的确是出于区别读音的目的才最终成为 silicon 的汉语名。

（二）音节的延展性

除了单个音位的语音规范外，音译外来词的语音规范还体现在音节调整上。通过词库的统计发现，有很多词的现代词形音节数比晚清时稍多。就元音而言，它对音节的影响至少有两点。第一，英文词中出现的元音需在汉语中保留。例如 ammonia［əˈmonjə］的词尾是央元音［ə］，在“阿摩呢”“阿摩呢阿”“阿摩尼亚”几个词形中，最终全译保留下来的是含有［ə］的“阿摩尼亚”。再如 Napier［ˈnepiɚ］晚清时为“奈毕”，最后一个元音［ɚ］脱落，后将其增补回来改为“奈皮尔”。正如在前文语音部分所言，元音是音节的音节核，也是音节中响度最大、语音感知最明显的部分。在英源词汇的借入中，很少出现元音删除的情况。即便在语言接触初期由于种种原因可能出现元音删除或脱落，也会在语言的演变过程中被保留元音的形式所取代，因此用字增加。第二，在英语单词词尾出现-ia 时，两个元音需要各成音节而不能变为汉语中的复韵母。例如 Olympia［oˈlɪmpiə］最后一个音节中含有两个元音：［i］和［ə］。颜惠庆《英华大辞典》中收录的词形为“欧林撇”，最后一个音节中的两个元音以复韵母 ie 的形式出现，但是在现代被规范为“奥林匹亚”，即［i］与［ə］各自成为一个独立的音节。类似的还有 Laconia［ləˈkoniə］由“纳管拿”变为“拉哥尼亚”，Phrygia［ˈfrɪdʒiə］由“弗吕家”变为“弗里吉亚”，California［ˌkælɪˈfɔrnjə］由“喀利佛捏”变为“加利福尼亚”等。这样变更的具体动因很难说清，有突显元音的考虑，也有［iə］、［jə］与汉语中［ia］音节的读音最为近似的原因。但不论如何，这种调整是值得注意的。以上两点均导致了现代词形更长音节也更多。

从辅音的角度而言，其对音节的影响也有两个方面。第一，辅音丛中的各个辅音都以增音的方式形成新的音节体现在汉语词汇中。例如古代克尔特人中的祭司在英语中称为 druids［ˈdruɪd］，位于音节首的是辅音丛［dr］。最初的汉语名“督伊德”只保留了两个辅音中位于音节首的［d］，另一个辅音［r］脱落；在现代汉语中，以“德鲁伊特”的形式将两个辅音分别体现出来。再比如 Cromwell［ˈkrɑmˌwɛl］的音节首为［kr］辅音丛，晚清时的两个词形“宽危勒”和“克兰威儿”虽然均未保留下来，但是现代所用的“克伦威尔”体现了两个辅音各成音节的思想。在辅音丛中，最为突出的例子是 Alps，源词以三个相连的辅音结尾，但在汉语中均各成音节变为“阿尔卑斯”。第二，词尾的辅音一般不能简省。

单词尾的辅音由于响度低、速度快，语音辨识度较其他位置的辅音更低，在译名中容易出现简省的情况。例如 Paros 在《英华大辞典》中为“派罗岛”，词尾［s］脱落，但是现代汉语中将［s］重新增加元音形成新的音节，变为“帕罗斯岛”。类似的还有 Parnassus/怕奈色山→巴那塞斯山、Philip/腓力→菲利普、Venus/维纳女神→维纳斯等。但是值得注意的是，从词的类型来看，通过增音方式保留词尾辅音的情况主要出现在人名地名之中。一般词汇中词尾保留的情况并不明显，甚至会出现反向变化，例如英国曾有一种长度单位 link，相当于 7.92 英寸或 20 厘米左右，在《英华大辞典》中对应的汉语名为“林克”，而在现代汉语中改为了“令”，词尾［k］从有到无。因此，只能说在语音规范中，词尾辅音有保留的倾向，但是具体到每一个词中是否保留，则要视词的具体语音和语义情况而定。这两个方面的影响也导致了现代汉语中的音译词音节的增加。

除了元音、辅音等语音音素的影响外，有时候还会人为拆分源词音节。例如苏格兰西北岸外的爱尔兰海上有一座岛屿叫 Man，是英国王室的自治领地，在《英华大辞典》中，该词的汉语形式为“满岛”。汉语［man］和英语/mæn/从语音听觉感知上来看是非常相似的，音节数量也相对应。但是，在现代汉语中，该岛名称已改为“马恩岛”，即将最后一个鼻辅音［n］分离出来形成新的音节。导致这种情况出现的是非语言因素的影响。此例中非语言因素主要是指文化心态的变化，“满岛”的构词形式与“泰山”类似，偏向于归化，而改后的“马恩岛”使用异化，更加突显了异域特色。

除了音节增加外，还有一类比较特殊的音节规范，即化学元素名的单音化缩略。这也是人为调整的结果。外来词进入汉语系统后，带有比较浓重的外族语言特点，与汉语词汇差异较明显。就化学元素名称来说，全部音节音译为汉语至少需要三至五个汉字；在指称化合物时，如果每个元素的词形都全译，那么词长可能会达到近十个汉字。为了指称方便，在化学元素名的音译中采用了单音化缩略方式，一般遵循“首字优先”（俞理明，2005：26）原则，选用第一个音节的汉字缩译。度量衡单位中，也有类似的倾向，例如前文所举 link 一例，由“林克”改为“令”也不乏有单音化缩略的考虑。除上述两类之外，在英汉语言接触早期常见的国名、洲名也有单音化缩略的倾向，例如“亚美利加”→“美国”、“亚非利加”→“非洲”等。但是在地名方面，只有晚清时期较为常见的少数国名和洲名有这类倾向，绝大多数的地名还是以较长的词形保留在语言系统中，这其中也间接反映出了归化与异化方式的博弈。

二、文字因素

音译外来词在口语交流中需要规范统一读音，在书面表达中需要固定规范词形，即高名凯和刘正琰（1958：178）提出的“一词、一音、一字”的“三一原则”。除却语音因素对于汉字的影响之外，文字形体也会影响音译词用字。主要体现在以下两个方面：

（一）文字的简易

同一个词即便确定了读音也有不同的汉字选择。为了实现单个外来词的“唯一性”，在规范过程中必须对同音字做出选择。选择原则首先以文字的简易性为主，即笔画简单、容易辨识的字形是规范的主要倾向。这样做便于外来词的识记与传播，也是语言经济性的体现。在本章第一节有关常用字与拼音对应关系的图表中可以看出，人们在最初选用汉字时也不自觉地遵循着这一规律。事实上，若以每个音节对应的最高频次用字为音节常用字，在词库统计的61个音节中，有39个音节的对应常用字沿用至今，其字形原本就不太复杂。晚清时期音节对应常用字的平均笔画数为9.03画，而在现代汉语中其平均笔画数①为7.76画，呈现下降趋势。笔画减少主要得益于两个原因。首先是国家层面推动的自上而下的文字改革。中国古代汉字笔画数多、字形较复杂，人们在日常使用中为图方便省事有时会采用俗体字或简体字。早在1909年，陆费逵就已经在《教育杂志》创刊号上发表论文“普通教育应当采用俗体字”，公开提倡使用简体字。抗日战争前，钱玄同的《减省现行汉字的笔画案》、胡怀琛的《简易字说》、国语筹备委员会编订的《国音常用字汇》等为简体字

---

① 现代音译字的用字情况主要参考：一、新华社译名室制定的译名标准。详见《世界人名翻译大辞典》附录二译音表之“英汉译音表”。二、英源词在2007年版陆谷孙《英汉大词典》（第2版）以及2018年《牛津高阶英汉双解词典》（第9版）中的译名。陆谷孙编纂的《英汉大词典》是我国第一部由英语专业人员自行规划设计、自订编辑方针编纂而成的大型综合性英汉词典。全书收词20万条，总字数约1500万，是一部兼有学术性和实用性的参考型辞书。《牛津高阶英汉双解词典》是世界上最早的学习型词典之一，对中国学习者有很大影响。

运动奠定了基础。其次，1949 年后，我国成立了文字改革研究委员会，在五十年代出台了一系列文件，从字形规范、字音规范、用字规范等不同方面为汉字的使用提供规范化的标准。1956 年《汉字简化方案》审订通过，正式在全国全面推行。简体字的推行使得许多汉字笔画减少，从而间接简化了音译词用字的笔画数。在词库中，共有八个音节对应的常用字属于此类用字不变、笔画减少的情况，例如尔/尔、兰/兰、亚/亚等(见表 4-9)。

表 4-9　音译音节对应汉字与笔画变化表

音节（拼音）①	晚清常用字（笔画）	现代用字（笔画）	笔画数变化（↑/↓）
a	阿（7）	阿（7）	=
ai	愛（13）	艾（5）	↓
an	安（6）	安（6）	=
ba	巴（4）	巴（4）	=
bi	比（4）	比（4）	=
bu	布（5）	布（5）	=
da	達（12）	达（6）	=（↓）②
de	德（15）	德（15）	=
di	地（6）	迪（8）	↑
ding	丁（2）	丁（2）	=
dun	敦（12）	敦（12）	=
duo	多（6）	多（6）	=
en	恩（10）	恩（10）	=
er	爾（14）	尔（5）	=（↓）
fa	法（8）	法（8）	=

① 此处音节按现代读音标注汉语拼音。

② 同一汉字在晚清用繁体，在现代用简体。汉字相同笔画不同的情况以=（↑）表示笔画增加，以=（↓）表示笔画减少。

音节（拼音）	晚清常用字（笔画）	现代用字（笔画）	笔画数变化（↑/↓）
fei	非（8）	菲（11）	↑
fu	福（13）	弗（5）	↓
gao	高（10）	高（10）	=
ge	哥（10）	格（10）、戈（4）	=、↓
ha	哈（9）	哈（9）	=
hai	海（10）	海（10）	=
hua	華（10）	华（6）	=（↓）
ji	基（11）	吉（6）	↓
ka	喀（12）	卡（5）	↓
kan	堪（12）	坎（7）	↓
ke	克（7）	克（7）	=
la	拉（8）	拉（8）	=
lai	來（8）	莱（10）	↑
lan	蘭（20）	兰（5）	=（↓）
le	勒（11）	勒（11）	=
li	利（7）	利（7）、莉（10）①	=、↑
lin	林（8）	林（8）、琳（12）	=、↑
lu	路（13）	卢（5）	↓
lun	倫（10）	伦（6）	=（↓）
luo	羅（19）	罗（8）、萝（11）	=（↓）、↓
ma	馬（10）	马（3）、玛（7）	=（↓）、↓
mei	美（9）	梅（11）	↑
mi	米（6）	米（6）	=

① 在音译人名时，为凸显性别特征，有的音节会给出男性姓名和女性姓名的不同用字。在其他名称的音译中，没有性别要求，以选取前者（即表男性姓名的汉字）为常见。

续表

音节（拼音）	晚清常用字（笔画）	现代用字（笔画）	笔画数变化（↑/↓）
mo	摩（15）	莫（10）	↓
na	納（10）	纳（7）、娜（9）	=（↓）、↓
nai	奈（8）	奈（8）	=
ni	尼（5）	尼（5）、妮（8）	=、↑
nuo	挪（9）	诺（10）	↑
pi	皮（5）	皮（5）	=
sa	撒（15）	萨（11）、莎（10）	↓、↓
se	色（6）	瑟（13）	↑
sha	沙（7）	沙（7）、莎（10）	=、↑
shi	士（3）	什（4）	↑
si	斯（12）	斯（12）、丝（5）	=、↓
ta	他（5）	塔（12）	↑
te	特（10）	特（10）	=
ti	替（12）	蒂（12）	=
tuo	脱（11）	托（6）	↓
wei	危（6）、威（9）	威（9）	↑、=
xi	西（6）	希（7）	↑
ya	亞（8）	亚（6）、娅（9）	=（↓）、↑
yi	以（4）	伊（6）	↑
yue	約（9）	约（6）	=（↓）

如果说同一汉字的简繁变化是从纵向且被动的角度影响了用字笔画数，那么形简汉字对繁复汉字的替代则是一种横向且主动的影响。例如在晚清音译外来词中，常用“玛”音译含［m］的音节，例如 Malta/玛拉太岛、Malay/马雷/玛雷、Lima-wood/利玛木等，最终在现代汉语中被不含有斜玉旁的“马”所取代。再如含［lu］的音节在晚清时期对应常用字为 13 画的“路”，但在现代变为 5 画的“卢”，笔画数大大减少。在词库中，选用笔画数更少汉字的音节共有 11 个，这是语言经济性的体现，也是音译规范用字的主体倾向。简化词形更有利于汉字的辨识与记

忆，更有利于提高音译词传播的效率。当然，这并不是说所有音节的对应汉字都会遵循这一规律，上表中也有音译词的用字笔画不降反增，对于这种现象需要分类说明。

第一类不降反增型的用字与性别有关。换言之，它主要出现在人名，尤其是女性人名中。为了凸显人物的性别特点，音译女性人名时，倾向于选用含有“女”字旁、斜玉旁或“艹”字头的汉字。在全部 16 个用字不降反增的音节中，与性别因素相关的笔画数增加占了 5 个。由于此类用字仅出现在女性人名中，不出现在其他专名或一般音译词汇中，故而不具有普遍性。第二类则是与汉字的高频使用有关。越是常用的汉字，越容易与其他汉字产生语义联系，因此也越容易提高音译词被“曲解”的可能性。因此，在音节对应字的选择上还需要考虑汉字的使用频率。若以 CCL 语料库为封闭的语言环境考察上述列表中汉字使用的次数，则会发现大部分延续下的用字其使用次数都不超过百万次。使用超过百万次的汉字有 4 个：地（1，464，121）、来（1，456，483）、他（2，029，395）、以（1，240，442）。从国家标准 GB/T 2312-1980《信息交换用汉字编码字符集・基本集》一级库中汉字使用频率的排名来看，这 4 个汉字排位都在 50 名以前：他（9）[①]、来（15）、地（19）、以（41）。CCL 语料库和字符集的数据都显示，这 4 个汉字比其他音节的常用字使用更为频繁，属于最常用汉字。这些汉字如若用为音译音节的对应字，更容易造成分词断句、语义理解上的分歧和误解。鉴于此，虽这些汉字形体简单，便于识记，仍需做出变更：地→迪（33，721）[②]、来→莱（46，323）、他→塔（52，628）、以→伊（124，583）。变更后的汉字笔画数虽有所增加，但使用频次大大减少，使用频率排名也大幅下降。由此可见，虽然文字形体的简易性在选字中占有重要地位，但仍受到文字使用频率的制约。第三类不增反降类与文字语义有一定联系，尤其是情感意义和联想意义。在音译词选字中，尽量避免负面联想意义。有些汉字虽然字形简单，但是感情倾向比较明显，例如“非”有 8 画，但是本义表示否定；“色”仅有 6 画，但是单独使用时可产生情欲相关的联想，由于在感情色彩上较为负面或联想意义不雅，这些字最终还是被笔画偏多但语义更为中性的

① 括号内为该汉字使用频率的排名序号。
② 括号内为该汉字在 CCL 语料库中的使用次数。

字（菲、瑟）替代。

（二）文字的规范

在文字形体简化之外，使用规范汉字字形也是音译外来词用字调整的一个主要内容。晚清时期音译外来词的用字中，出现了许多以“口”为偏旁的音译字。它们中少量是已有汉字，大部分是专门为音译而创制出来的。以“口”为偏旁造字以标识该词为音译词，并不是一种经济的方式。晚清英源音译外来词数量并不少，几乎涉及汉语中所有音节。如若每个音节创制一个汉字，即便不考虑声调变化与语义内涵，那么至少也要新创四百多个新汉字。新增汉字会加重记忆负担，且大部分汉字不承担语义，不能单独使用，使用效率比较低。此外，这类汉字主要出现在一些方言渠道输入的音译外来词中。它们的读音以方言音为基础，传播开后“方音官读”常会造成外来词与源词之间较大的语音差异。鉴于以上原因，晚清使用的大部分“口”旁字都被常用汉字所取代，例如：dahlia/吔哩亚花→大丽花、gallon/咖唅→加仑、senna/咣嗱→旃那、arrack/啞叻酒→亚力酒、Florence/福嘮来斯→佛罗伦萨，等。

与为化学元素名称所创制的新字相比，这种方言音译的创制字实用性并不高，其形旁的功用性和理据性均不如化学形声字强。故而，二者虽均为新创制的汉字，但是命运却大不相同。前者大多被语言系统淘汰，后者则被语言系统吸收。当然，并非所有的“口”字旁音译字都被汉语系统剔除出去，例如咖啡、吗啡等词就保留了下来。这些词汇所指事物在晚清民初发展迅速，词形基本固定下来，因而免受“规范”。比如coffee，1819年马礼逊《五车韵府》起就一直以“咖啡”的词形存在于各类传教士和国人编纂的英汉双语词典中。至1908年颜惠庆《英华大辞典》时，词形已经比较稳定了。morphine与“吗啡”的捆绑要晚于coffee/咖啡。不过，从词典记载来看，1908年颜惠庆《英华大辞典》中已将二者列为对等词，在其后的主要英汉双语词典也大多沿用了该名。这两个词之所以这么快能够固定词形，大约与事物本身的发展与活跃度密不可分。晚清时期外国传教士将咖啡与咖啡馆带到中国，咖啡高昂的价格和咖啡馆的环境氛围使其成了“现代”“洋气”的代名词，受到了人们的追捧。吗啡则是鸦片的主要成分，在医学上又有止痛之功用，它经常出现在禁鸦片的政治类文本以及医疗类书籍中，在当时也属于较为活跃的词汇。相较于其他方言渠道的音译外来词，它们的热度更高，故而更早地经历了语言选择，更早地达成了社会共识，以一种“约定俗成”的方式强势进入了现代汉语词汇中。

三、语义因素

汉字是表意性很强的文字，大部分汉字以及汉字的偏旁部首都具有独立语义。尽管音译词最初仅是临时性地用某些汉字摹写语音，但在语言发展过程中会自觉或不自觉地使用语义信息量更丰富的汉字来表达相同语音。在非人名地名等专有名词的普通词汇中，这一点更为明显。汉字的语义信息对音译词用字选择的影响也可以从两个方面来观察：

（一）语义的一致

语义的一致性是指人们在音译外源词汇时，会在汉语的同音字中选择字面意义与源词意义一致、相仿或是接近的汉字作为音译词的对译汉字。在外来词汇初次与汉语接触时，其音译用字选择具有一定的任意性。用某个字表达某个音有较强的随机性和个人色彩，就好像语言符号的能指和所指之间具有任意性一般。但是，随着时间的推移和语言系统的锤炼，有一定理据性的汉字会驱逐表意能力较弱的汉字，从而使外来词汇在词形上更符合汉语的表意特点，实现词汇的“汉化”。

例如在1908年的《英华大辞典》中，cigar出现了“雪茄”和“雪咖”两个不同的形式，均从方言渠道借入。除却语音因素的影响外，“茄”和“咖”都是以“加”为基础的字，区别在于形旁不同。cigar是一种烟草制品，用烟叶卷成。用带有“艹”字头的“茄”，能部分提示“雪茄”的组成物质，比“咖”更具有理据性，因此后来成为获胜者。再如化学元素fluorine早期的音译形式“弗”“弗气”表意性不强，后改为带有“气”字头的“氟”，以提示这是一种气体。

在专名中，也有通过偏旁部首表意的案例。如地名Australia在晚清有“奥斯达利亚”“澳洲”“奥洲”“奥大利亚”和“澳大利亚”五种不同形式，就其首音节对译字来看，是“奥”与“澳”的竞争。由于澳大利亚是位于南太平洋和印度洋之间，四面环海，故而带有“氵”的“澳”字与源词更具语义一致性，被汉语系统所选择。在现代外语人名中，女性名常用含有女字旁（如娜、妮等）、斜玉旁（如玛、琳等）以及草字头（如莉、莲等）的汉字来表示，而晚清用字并未像现在这样规范，例如十九世纪中期，一些拥有英国牛津大学教职的神职人员发起了国教会的天主教复兴运动，其中一位重要发起人名为 Pusey，在 1908 年辞典中译为“菩珊”。“菩”让人联想到“菩提”“菩萨”等与佛教相关的事物；“珊”来自“珊瑚”，在现代属于女性名用字，与 Pusey 的性别不一致。此外，对于名字的读音也有不甚准确之处，最后整个词形被弃用，改为“皮由兹”。

除汉字构字部件可以表意外，单个汉字的使用也可能造成语义联想产生不一致的情况。例如 halogen/哈罗琴，在不了解语源的情况下，普通人初次看到“哈罗琴”会将字面汉字组合拆解为“哈罗＋琴”的偏正结构，从而将其理解为某种外来乐器。然而事实上，halogen 指的是周期系ⅦA 族元素，它包括氟、氯、溴、碘、砹、鿬等在自然界以典型的盐类存在的成盐元素，与乐器风马牛不相及。可见，位于词尾带有类属义的汉字若与词本义没有一致性，容易在解读时产生歧义，这样的用字在历史的发展中易被淘汰。

（二）语义的美感

中国人有善美之心，追求语义的美感。音译外来词会避免使用含有消极、负面或粗俗意义的字，而选择中性、积极或文雅的汉字。例如，晚清常用汉字“哀”对应英语中的［ai］、［ɛ］、［e］等音节。“哀”字本义表“怜悯”，引申指“哀痛”“悲伤”。由“怜悯”又可引申为“爱”义。例如《管子·侈靡》：“国虽弱，令必敬以哀。”《吕氏春秋·报更》：“人主胡可以不务哀士？”东汉高诱注：“哀，爱也。”然而，在现代汉语中“哀”有关“爱”的义项已经消失，仅余下悲伤等带有消极情感色彩的涵义。因此，在历史的发展和选择中，音译词中的“哀”逐渐被淘汰：Ireland 的首音节对译字“哀”“爱”“埃”的竞争中“爱”胜出；苏格兰首府 Edinburgh 由“哀丁堡”变为“爱丁堡”；Edward 摈弃含“哀”，变为“爱德华”。

类似的还有英语中含［w］音节的对译字“危”。晚清时的不少音译词都选用了该字，有的是“威”“危”并存，例如 Wales 的汉语对应词有“危勒司”“威尔士”等不同词形。“危”是个会意形声字，“卩”表示跪坐之人，“产”表示高，即人直起身来提高上身端坐的意思。古人采用跪坐的形式，一般是臀部放于脚跟上，腰微弯，呈放松姿态。表示敬意时，腰需要伸直，上体高度增加，所以称之为“危坐”。故《说文解字》云：“危，在高而惧怕也。”“危”字使人首先联想到危险、危害、惧怕等负面意义。相较之下，“威”字义更积极、正面。“威”是个会意字，由“女”和“戌（斧类的武器）”构成，表示掌有生杀之权的妇女，其本义与力量、权势、尊严相关。虽然“威”的义项中也有表畏惧、刑罚等负面的内容，但是它更多的有“威严”“权威”等联想，总体上来说负面联想义较“危”弱一些。因此，现代汉语中一般都不使用“危”来表达相应［w］音节的汉字，而改为“威”“维”等字。例如 Vesuvius 由“危苏危火山”改为“维苏威山”，Vienna 由“危恩那城”改为“维也纳”。

又如“剌”。《说文解字》曰：“剌，戾也。”清段玉裁注：“戾者，违背之意。”还可指祸乱。“剌”的这种负面语义必然导致它在音译对应字的选择中被其他中性或正面的字替代。曾译为“亚剌伯”的 Arab 在语音和语义的双重规约下就将词形调整为“阿拉伯”。同理，“赖”可指不务正业、品德恶劣之人，又有态度顽劣、诬陷他人、责备埋怨等义，易产生不好的联想。cyclamen 本是一种颜色鲜艳的花卉，晚清译名“沙克赖”却让人无法产生美好的联想，而现代名“仙客来”相较之下语义更积极，用字也更文雅。再如“杀”“屠”等字，易产生血腥、暴力的联想，也不适合成为音译用字。因此，Rosetta Stone 由“罗杀他石”改为了“罗塞塔石”，而 Dover 由“屠浮”改为了“多佛尔”。

其他常见的负面意义的用字还包括“非”“奴”“苟”“怕”“蛮”等。在所有同时期的英源音译外来词中，这些负面意义的用字大多出现在外国地名中，仅有少量出现在其他类型的词汇中。这些字的使用有一定的偶然性，也有其必然性。它们在一定程度上反映出了当时封建王朝“天朝大国”的心态以及对其他国家的轻视与无知。从晚清用字到现代用字的改变，不仅体现的是汉字使用的规范和文明，更体现出了人们对于异域文化从轻视到尊重的转变。

第五章　晚清英源音译外来词的语义考察

第一节　晚清音译外来词与古汉语语义的消解和替代

在晚清音译外来词中，有少量外来词采用的是古汉语中已经存在的词汇。外来词语义与古汉语语义之间呈现出割裂的关系。外来词仅借用古汉语词形，并用新的意义填充，所谓“旧瓶装新酒”。这类词汇与源词语音也有着千丝万缕的关系，大部分可以看作是谐音音译词。古汉语词形能够最大限度地消除音译外来词中的异质成分，因此受到了许多人的青睐。但是，这类词的数量并不太多①。主要原因在于谐音困难，要寻找到语音相似的古汉语词汇并非易事；若想要在语义上也有所联系，更是难上加难。故而，在词库中仅发现几例。在这些与古汉语词汇同形的音译外来词中，有部分词汇的语义与汉字的字面义有一定联系，例如：

【苦力】coolie

“苦”是个形声字，本义是指苦菜，《说文解字》曰：“苦，大苦，苓也。”后演化出辛苦、困苦、极力、竭力等义。“力”是个象形字，本像耒形，而耒耕须用力，故引申为气力之“力”。“苦力”在古汉语中是个动宾词组，意为“竭尽心力”，出现的时间最晚不过南北朝时期。南朝梁江淹《自序传》：“人生当适性为乐，安能精意苦力，求身后之名哉！”《大慈恩寺志》卷三十二·碑铭（一）：“我清元法师继憨公、印可两大禅师，苟非苦心苦力，何以庙貌重新，壮此观瞻？”唐高适《相和歌辞·秋胡行》：“劳心苦力终无恨，所冀君恩那可依。”可见，“苦力”在古汉语

① 这里主要是指双音节词。化学名词以及口字旁的单音节词在上一章词形部分已经进行了详细描述，故不赘述。

中是一个常见的词组。

现代汉语中的苦力则主要是指帮人干重活的劳动者或沉重的体力劳动。这个义项并不是从古汉语中演化而来，而是根据英语 coolie 谐音音译而来的。coolie 最初的词源来自印度，印度 Gujarat 地区有一个名为 kuli 的土著部落，后来演变为印度语中表示"雇用仆人"的 quli。这个词被葡萄牙语吸收后，又传入英国，用来指称殖民地的重体力劳动者，尤其是亚洲的体力劳动者。coolie 在英语中是一个贬义且含有轻蔑色彩的词。

coolie 之所以能成功地采用谐音音译为"苦力"，除了语音相似度高外，"苦"与"力"两字的字面义与源词义贴合也是主要原因。coolie 主要从事的是重体力工作，身体之劳累，工作之艰辛，当得上一个"苦"字；而他们又是靠卖把子力气讨生活，当然用得上"力"。"苦力"从字面上将 coolie 的本质特征体现得淋漓尽致，可以说是相当成功的谐音音译。也正因为音义贴合，才使得"苦力"的外来义最终取代了古代义。

【费】fee

"费"是会意形声字。《说文解字》："费，散财用也。从贝，弗声。"本义表示花去钱财，后来演变出"在某方面的钱财、款项"之义，如《墨子·贵义》："吾取饰车食马之费与绣衣之财以畜士，必千人有余。"《后汉孝和皇帝纪》下卷·第十四："愿大王修恭俭，遵古制，以法自治，以礼率下，省奴婢之数，减乘马之费，以礼起居，则敞之愿。"

英语 fee 来源于两条演化渠道。一条来自古英语 feoh，表示"牲畜、牛、可移动的财产、财富、宝藏"，牛等牲口在古代可以充当等价交换物，与货币有类似的作用；另一条渠道来自古法语 fieu，表示"拥有或占领某一领域；封建税、付款"。它与古英语 feoh 一样都来自日耳曼语表示"牛"的词根 pie。英语中 fee 的定义是 an amount of money that you pay to do something or that you pay to a professional person for their work (做某事支付的钱款或支付给专业人士提供服务的款项)，从定义中可以看出，英语 fee 通常指的是支付给律师、医生、私人教师等专业人士的酬金。"费"虽然也有表示钱财款项的意思，但是其语义与 fee 呈包孕关系，比如汉语中车费也用"费"，但是英语却是另一个单词 fare 而不能用 fee 表示。"费"与 fee 之间有语音和语义的联系，《新华外来词词典》将其归为谐音音译词。

【摩挲】massage

《说文解字》："摩，研也。"清段玉裁注："两手相切摩也。""摩"的本义是摩擦，后引申为抚摸。《说文解字》中无"挲"字，但《康熙字典》言："挲，同抄。""挲"是"抄"的异体字，"抄"也表示抚摸之义。"摩挲"在古汉语中是叠韵联绵字，也写作"摩莎"或"摩娑"①。汉代起就已经出现了"摩挲"的用法，如《后汉书·方术传下·蓟子训》："后人复于长安东霸城见之，与一老公共摩挲铜人。"唐代韩愈《石鼓歌》："牧童敲火牛砺角，谁复着手为摩挲？"除表示轻轻抚摸外，"摩挲"还演化出揉搓之义，如《礼记·郊特牲》："汁献涚于盏酒。"郑玄注："摩莎泲之。"《齐民要术·卷第四》："盛暑，日曝使（三三）干，渐以手摩挲，散（三四）为末。"从这几处文献的内容来看，一为制酒一为制作酸枣，说到的"摩挲"不可能是轻轻抚摸，而是较有力道的按压揉搓，这个义项为 massage 的谐音音译提供了语义基础。

英语 massage 来自法语 massage（名词）和 masser（动词），而 masser 可能来自阿拉伯语的 massa（碰触、感受、处理之义）。massage 在英语中的定义是 rubbing and pressing the body, usually with the hands, to relieve or prevent stiffness or pain in muscles, joints，即（通常用手）摩擦或按压身体以减轻或防止肌肉、关节等处的僵硬。它与古汉语中"摩挲"的差别在于：首先，对象不同。古汉语中可以"摩挲"人也可以"摩挲"物，而同样表示人体动作的 massage 只能作用于"人"。其次，目的不同。"摩挲"的目的多种多样，并不固定，但是 massage 的目的比较一致，即以缓解肌肉或关节的状况实现某种类似治疗的效果。"摩挲"的古汉语义与 massage 有一定关联，语音也有相似之处，可以算作一种谐音音译。

上述的几个例子中，虽然语音在音译中起到了非常重要的作用，但与此同时音译词字义或词义与源词语义之间也存在着一定的关联性。尽管从词汇的概念意义上来说，古汉语义与外来义并不是对等的，甚至有

① "摩娑"的情况更为复杂，在外来词中它还有其他义项：一为梵语 māmsa 的音译，同"莽娑"，表示"肉"。二为梵语 musāragarbha/musāragalva 的音译，同"牟娑罗"，指佛教徒七宝之一。三为波斯语 pāzahr/pādzahr 的音译，同"婆娑（石）"，表示兽类胃中的结石（史有为，2019：788）。

较大的差别，但是译词字面义能够从一定程度上反映源词语义。不过，更多的借古汉语词形而存在的音译外来词则是在语义上与古代义完全割裂开来。例如：

【辨士】pence

辨，通“辩”。古汉语中“辨士”意为能言善辩之士或游说之士。在春秋战国时期，涌现了许多能言善辩之人，例如经历齐灵公、齐庄公、齐景公三朝，辅政时间长达50余年的晏子，就是著名的辨士之一。因此，在先秦两汉的文献中可以找到许多“辨士”相关的记载，《史记·淮南衡山列传》：“诸辨士为方略者，妄作妖言，谄谀王，王喜，多赐金钱。”《尸子·处道》：“天下非无聋者也，辨士之贵聪耳者众也。”《论衡·卷十八》：“述事者好高古而下今，贵所闻而贱所见。辨士则谈其久者，文人则着其远者。”由此可见，“辨士”在古汉语中存在已久，是一个偏正结构的词组。

《英华大辞典》中“辨士”是英语 pence 的音译词之义。pence 是 penny 的复数形式，而 penny 是英国的黄铜货币，在1971年以前其价值相当于十二分之一先令。pence 与古汉语的“辨士”之间仅存在语音上的联系，语义上完全不同。“辨士”可以看作借用古汉语词形的谐音音译词。现代汉语中已不再使用。

【边士】pence

边，边界、边疆之义，“边士”可以是住在边疆的民众。三国魏高伯恭《征士颂》：“帝道用光，边士纳庆。”又可指边疆的士兵。《史记·廉颇蔺相如列传》：“匈奴数岁无所得，终以为怯。边士日得赏赐而不用，皆愿一战。”明袁宗道《叙守考绩序》：“不佞居尝叹人中劳薪，亦至边士极耳。刁斗锋镝之间，茹苦万状，而犹然不得致一饱，何以激战士心也。”作为 pence 的一种音译词形，“边士”与“辨士”一样，其古汉语义以及字面义与源词义无任何语义联系。现代汉语中已不再使用。

【先令】shilling

“先令”在古汉语中有两种不同的义项。其一是指在命令下达之前。如《韩非子·饰邪》：“昔者舜使吏决鸿水，先令有功而舜杀之；禹朝诸侯之君会稽之上，防风之君后至而禹斩之。以此观之，先令者杀，后令者斩，则古者先贵如令矣。”其二是指临终前嘱咐。如《汉书·杨王孙传》：“（王孙）及病且终，先令其子，曰：‘吾欲裸葬，以返吾真。’”颜师古注："先令，为遗令。"《汉书·景十三王传》："病先令，令能为乐奴婢从死，迫胁自杀者凡十六人，暴虐不道。" shilling 是英国的一种货币，1971 年停止使用。币值相当于旧币十二便士，或一镑的二十分之一。其义与古汉语中的"先令"不存在字面或内在的联系，仅是借形而已。此外，古汉语中"先令"为动词词组，而外来义的"先令"是名词，二者词性不同，不太容易出现混淆的情况。

上述例子中的词汇有些仍活跃在现代汉语之中，较之于被淘汰的谐音音译词，它们有一定的特点。这些"成功"的谐音音译外来词中，有一部分与古汉语中的同形词既有语音的联系又多少有些语义的关联。有些词本身与外来词的语义并没有什么关系，但是人为添加的富有美感和诗意的解释可以推动外来语义的发展。从这一点上来看，语音和语义的联系是保障此类音译词生命力的重要因素。还有一些词，古义与外来义没有交集，外来义也没有负载其他文化信息。对于这类词，古义与外来义词性相同时容易产生混淆，所以常被淘汰；古义和外来义词性不同时，歧义的可能性降低，有沿用成为谐音音译词的可能。

在讨论借用古汉语词形的英源外来词时，要特别注意词汇的语源问题。汉语从日本回借的与古汉语词汇同形的意译词较多，音译词回借的情况较少但也并非没有。比如 bandage/绷带，传统上认为"绷带"是汉语音译英语的结果，而且是一个较好的谐音音译词。古汉语的"绷带"从字面上看与 bandage 有一定的语义联系，《说文解字》曰："绷，束也，从纟崩声。""带，绅也。男子鞶带，妇人带丝，象系佩之形。佩必有巾，从巾"。"绷带"指的是起到约束作用的长而扁的织物。汉语古籍中查询到"绷带"最早同时出现在北宋孙光宪《北梦琐言》的卷八："《诗》云：'载衣之裼。'裼即小儿褓衣，乃绷带也。"在北宋以降清代以前的文献中，仅在明代《普济方》中再次看到"绷带"同现。

"绷带"在古汉语中之所以并不十分常用，大抵与"绷"的词义相关。"绷"除了表示束缚、捆绑的本义之外，在古汉语中也演化出了婴儿包被或用布裹束婴儿的行为之义。《汉书·宣帝纪》："曾孙虽在襁褓。"唐代颜师古注："襁，即今小儿绷也。"唐代韩愈和孟郊所作《城南联句》："簪笏自怀绷，乳下秀嶷嶷。"唐代严维《咏孩子》："绣被花堪摘，罗绷色欲妍。"从唐代开始，能够找到"绷"作"包被"义的不少书证，说明词义已经开始固化并且为人们普遍接受。这同样也符合古汉语单音节词的特点。既然“绷”已经可以表示“包被”，那么再加一个“带”字似乎就有些画蛇添足了，这可能也是“绷带”在古汉语中虽有出现，但使用并不频繁的原因。

正因为这种语义重复导致的不常用，使“绷带”有了被重新分析为“缠绕束缚的带子”的可能。英语 bandage 的词根 band 做动词时也有用带捆扎、缠绕之义。“绷”在语义和语音上都和英语源词有相似之处，“带”的声母与英语源词第二个音节的音节首从听觉上讲也比较类似。然而，所有这些说法都必须建立在一个前提下：“绷带”是直接从英语译入的外来词。这个前提本身并不站得住脚。史有为在《新华外来词词典》中重新对“绷带”进行考证，认为“绷带”首先是由日语译入。汉语最早的书证是 1903 年关庚麟德《日本学校图论》(史有为，2019：134)。经笔者进一步考证，汉语的书证至少可以提前至 1896 年康有为编写的《日本书目志》，其中第一卷生理门外科学中收录了菊地常三郎著《藁灰绷带论》一书。由于本书聚焦英源音译外来词，所以尽管“绷带”是个难得的借用古汉语词汇的谐音音译词，但鉴于其日语回借词的身份只能排除在外。“绷带”从英源词到日源词身份的转变也再次说明了在外来词的研究中词源考证的重要性。

第二节　晚清英源音译外来词的词汇意义

一、概念意义

词汇意义是词语在语汇系统中独立的意义，包括概念意义和附加意义两个大类。

概念意义又称指称意义或理性意义，是反映人们对指称对象区别性特征的概括性认识。它表示指称的客观事物、现象、关系等的本质属性，起到区别性作用，是词义中最基本也是最核心的部分。音译外来词概念意义演变中以语义单义化为主要特点，表现在以下几个方面：

(一) 单义源词占绝对优势

汉语中之所以会出现音译外来词，就是因为在语言表达上存在“词汇空缺”，即外来事物概念在汉语中并不存在对等词。音译外来词正是以对等词的身份填补这一空缺。对等，就意味着音译词语义应是源词语义的忠实映射，而源词语义可能又有不同的情况。如果源词本身就是单义词，那么这种对等比较容易能够实现。尤其是化学名称、度量衡、宗教等专有名词，由于源词本身的专业性，语义本就比较单一，外延比较窄，很难从原义上再派生出新义。音译词以固定词形完全反映源词语义。在词库统计的390个晚清的英源音译外来词（剔除人名音译）中，有363个英语源词是单义词，英汉之间能够实现意义的对等。由此可见，单义词占有绝对优势是英源音译外来词的一大特点。

（二）多义源词词义的过滤

但是，单义词并非英语词汇的全部面貌。在英语源词中，还有许多含有多个义项的词汇。它们在被引入汉语词汇系统时，往往不能形成一个涵盖所有英语义项、以一统全的音译词，而是需要对源词的义项进行选择过滤。例如 pudding 一词在《英华大辞典》中有以下五个义项：

【pudding】n.

1. a species of food of a soft consistence, variously made　糕，蛋糕，布丁

2. an intestine　脏肠

3. an intestine stuffed with meat, food, or victuals　香肠，腊肠；a sausage　腊肠

4. any food or victuals　食物，菜肴

5. a quantity of yarns, matting, or oakum　（航）船侧保护席，护船麻纱；pudding stone, conglomerate　蛮石

pudding 的前四个义项均是与食品有关，其复杂程度也反映了食物在社会发展中的演变过程。历史上最早的 pudding 是英国人发明的，类似于今天的煮香肠，这种食物是英国人引以为荣的饮食文化遗产。中世纪欧洲，它出现了黑白两色，黑色的以猪血为主要材料，白色的以其他肉类和谷物为主要食材。十七世纪时，在口味上出现分化，有以肉类为主要食材的咸味和以面粉、白糖以及坚果为主要成分的甜味两种类型。它们在制作时都需要装入特质的袋中煮熟。到了十八世纪末，传统英国 pudding 不再以肉类为主要食材。十九世纪时，pudding 虽仍需煮熟，但最终的成品形状不再像香肠一样，而是如同蛋糕一般。在《英华大辞典》中，义项 2 和 3 指向的是早期类似黑色香肠的 pudding，义项 1 的指向是十九世纪的甜味食品形式，义项 4 是从前三个义项延伸出的概括性指称，

而义项5则是 pudding 在其他专业领域的意义。从词典释义可以看出，pudding 的内涵其实非常复杂。但是在引入中国时，其音译形式“布丁”只能表示其中一个义项，不能囊括所有。这主要是因为当时中国人接触到的 pudding 就是一种甜味的糕点，是在历史的、具体的阶段建立起的“布丁”能指与所指之间的关系。这种关系的建立最主要的作用是方便交际，使人在下次见到 pudding 这种食物时能很快地称说。音译外来词的语义经过了汉语系统过滤后，确保了意义的单一，避免了歧义。

类似的还有 sherbet 一词，它在《英华大辞典》中出现了两个义项：一个指类似柠檬水的清凉饮品；另一个则是指冰淇凌之类的甜点。这也与 sherbet 的历史息息相关。sherbet 的语源可以追溯到阿拉伯语的 sharba（t）、波斯语的 sharbat 以及土耳其语的 serbet。这种食品的做法起源于阿拉伯，后经土耳其人传入意大利，随后在欧洲流传开来。它最初是含有碎冰的果汁饮料，口感类似于雪泥或奶昔。后来，人们在制作时为图方便，直接先放入冰块或碎冰，然后倒入果汁，而不像之前那样让二者充分融合。为了使 sherbet 的口感更润滑、味道更浓郁，人们又在制作中加入了奶制品。此时的 sherbet 出现了两种形态，一种是液体饮料的形态，另一种是冷冻后的固体形态。随着时间的推移，奶油的含量越来越多，果汁的成分逐渐减少，形成了 sherbet 的新形态。在十九世纪英汉语言接触时，它主要是以后者即类冰淇凌的形态存在，因此音译词“香冰”仅对应了源词的第二个义项。

有些多义源词的词义过滤和筛选并非建立在新旧事物的更替之上。比如 president 一词，英语中它至少含有三个义项：国家（通常是共和制国家）的首脑；公司、学校、银行等组织的最高管理人员；集会、会议等活动的负责人。这三个不同的义项均来源于 president 的动词形式 preside。preside 的语源可以追溯到拉丁语的 praesidere，由前缀 prae-（即“前”）和词根 sedere（即“坐”）组合而成，字面意思就是“坐在前面”。坐在会议前面或是处于机构前面的大多是管理者，因此 president 可以用来指称各类组织机构的最高负责人。在中古英语中，它首先用来指称宗教团体、医院、大学等最高负责人，后来引申到政治、金融领域。president 一词进入中国时，各义项在汉语中分化成了不同的形式：

【president】n.

1. an officer appointed to preside over a corporation or assembly 掌

者，总管，总理，总裁，会正，会长，议长，社长；as，a president of a ministry　尚书

2. an officer elected to the chief magistracy of a republic　柏理玺天德，大统领，总统；the president of the United States　美国之总统

3. the chief officer of a college or a university　校长，监督，监院，掌院；vice-president，one who takes the place of a president in case of absence　副会长，副监院，副总统，副会正，副总管

在三个义项中，只有表示国家首脑的 president 产生了音译形式“柏理玺天德”，而其他两个义项则是采取了意译的方式。与 pudding 一例不同的是，前者的几个义项仅有一个表现的是当下存在的最为常见的食物，而后者 president 指称的三类人在同时期共存。其音译形式对应的语义选择不仅是基于指称对象的现实性，还取决于事物的新颖度和社会的关注度。晚清是一个变革时期。在鸦片战争、甲午战争等一系列事件的打击下，中国连续签订不平等条约，遭受割地赔款、丧失主权的厄运，半殖民地化程度加深。亡国灭种的危急形势迫使一些有识之士开始寻找新的救国之路。西方资本主义政治学说与西方的政治制度在这一时期进入他们的视野，成为重要的维新和启蒙思想。当时西方主要采取的是共和制，其国家最高行政长官 president 通过选举产生，是一种与封建世袭制完全不同的模式。新思想的涌现也使得 president 成为维新变革中常常提及的概念。汉语中并不存在与之等同的概念，选择音译的方法引入词汇无可厚非，更能突显其独特性和外来性。由于政治意义的 president 是该词在士人眼中最为关注的义项和内容，因此它最先占据了音译的位置并流传开来。其用字中“柏”“理”“玺”“天”“德”无一不与领导者的地位或品行相关。

又如 link/林克，名词形式的 link 本义是指长链中的一环或一圈，来源于古斯堪的纳维亚语的 hlenkr。1620 年英国天文家和数学家埃德蒙·冈特设计出了一种测量链，这种测量链摈弃了传统的罗马数字而使用新的十进制数字记法来进行土地测量，使得土地测量更为简单、方便，也简化了计算过程，因此，它很快在英国的勘测领域中推广开来，而链与链中的环也成为英制长度单位。在英汉语言接触时，link 的本义“环、圈”在汉语中能够找到对等的词汇，但是勘测中使用的长度单位 link 在汉语中语义空缺，因此只有表示度量衡的义项需要通过音译词起到

指称作用。这也从侧面说明，音译词在语义选择和过滤时“新”与“异”是非常重要的影响因素。

从上述的几例不难看出，尽管英语源词可能是多义词，但是在进入汉语时会经过语义的筛选和过滤，这种过滤伴随着源语言文化环境的隐退而产生。当源词进入新的语言环境时，词汇原本的理据基础和认知基础都随之消失，源语各义项之间的关联消失（李海燕，2018：147）。源词无法以原有的“语义共同体”存在，不同义项出现了不同形式的汉化路径。音译词本身就带有强烈的异质感，因此它往往过滤掉在两种语言中具有相似性的义项而选择源语社会文化环境中独有的义项。如若外来义项均为汉语中不存在的事物或概念，那么在英汉接触时活跃度最高、使用最频繁的那个义项将成为音译的优先选择。

（三）多义源词词义的音译分化

由于英语源词义项之间的关联在汉语语境中被消解，因此汉语中的对等词很难如同源词一样成为一个多义综合体。通常在借入多义外来词时，人们采取不同的形式表达多义源词的不同义项，以实现外来词的语义单纯性，避免产生语义分歧或语义交叉。“不同的形式”可能是不同译介形式（例如音译词和意译词），也可能是相同译介形式下不同汉字或汉字组合。在外来词中，很少有源词的多个义项均需要通过音译来表现，从词库来看，晚清已经出现这种分化的词仅有 pound 一个。

英语中的 pound 最初是一个重量单位。古罗马时期出现的重量单位 libra 就是它的前身，表示重量的“磅”的单位缩写 lb 就来源于 libra。中世纪时 libra 出现了许多不同的变体，比如塔磅因其标准由伦敦塔的皇家造币厂确定而得名，主要用于贵金属和药品重量的度量，相当于 5400 克；商人磅则有 6750 克；金衡磅则源于法国 Troyes 地区，1527 年接替塔磅成为金银重量的标准（相当于 12 盎司）。不论其具体质量如何演变，pound 一直是英制重量单位中的重要一员。

除了表示重量之外，pound 也是英国的货币单位。其货币符号£来源于花体的 L，也代表其拉丁词源 libra。早在 775 年，pound 就已经成为英格兰货币单位，其价值相当于一磅的白银，也因此得名。1694 年英国的央行英格兰银行成立后，英镑作为英国的本位货币单位发行，辅币单位为先令和便士，一英镑相当于二十先令或二百四十便士。1821 年英国正式采用金本位制，使英镑成为标准货币单位。直至二十世纪初，英镑一直是西方最重要的国际支付手段和储备货币。

在晚清，pound 两个义项的重要性不分伯仲且均是英国特有的单位。虽然二者在源词的语义上存在着联系，但是对于不了解英国历史文化的人来说很难明白其中的关联。对于两个使用范围和内涵不同的义项，采用相同的音译词形显然不太合适。由此，pound 在汉语中分化出了专门表示重量的“磅”和专门表示货币的“镑”。这种分化在一定程度上也是受音译词单义性的影响。

有的多义源词可能在晚清使用了相同的词形表示不同的义项，但是随着社会和语言的发展又会分化。例如另一度量衡单位 carat，在《英华大辞典》中有如下义项：

【carat】n.

1. twenty-fourth part，—a term used in estimating the proportionate fineness of gold　加辣，二十四分之一（估金纯杂之用）；as，a watch of 18 carats　二十四分中十八分乃精金之时表；not to be worth a carat，to be of little or no value　分文不值

2. the weight used by goldsmiths and jewelers　加辣（秤金玉珠宝之法码）

该词的词源可以追溯到阿拉伯语的 qirat，意为“角豆树的果实”。角豆树是地中海沿岸常见的一种豆科常青乔木，豆荚较大，一个豆荚一般含有 5～15 粒坚硬的棕色种子。古代阿拉伯商人用角豆树的种子来称量贵金属和宝石，因为他们认为角豆树的种子大小一样、重量一样，很适合作为称重的标准。这种做法很快在地中海沿岸传播开来，传入了欧洲。希腊语 keration、中古法语 carat、意大利语 carato、中世纪拉丁语 carratus 都来源于此。虽然人们认为角豆树的种子质量几乎一致，但是现实却很难保证如此，这也使得在很长一段时间内 carat 的质量因地而异。比如在伦敦它相当于 0.2053 克，在佛罗伦萨相当于 0.1972 克，而在阿姆斯特丹则是 0.2057 克。直到 1913 年才确定了“1 carat = 0.2 g”的国际标准。正如 carat 义项所示，它在实际生活中其实有两种用法：一是用于表示钻石等宝石的重量，英语中用 carat 表示；另一种是用于表示贵金属（金、银、铂等）的纯度，即贵金属在合金中的比重，合金总量记作 24。后来美式英语中为了区分两种不同用法将后者改为了 karat。

carat 最初进入汉语时，并没有区分两个义项而是以“加辣”统一称

说，这或许是因为在当时这两种单位并未完全推广开来，对当时普通人生活的影响有限。但是到了二十世纪八九十年代，随着人们生活水平的提高以及珠宝公司广告宣传日益密集，钻石、黄金等传统意义上的贵重物品愈发流行，carat 被提及的频率也越来越高。用同样的音译名来表述钻石和黄金可能会造成误解，比如说 18 克拉的黄金，很可能让人误以为黄金的质量是 18×0.2 g。再者，黄金纯度常用英文字母 K 来表示，代表美式英语中的 karat。“开”与“K”音近，因此表示黄金纯度的 carat 将汉语中的音译形式变成了“开”，使 carat 一词出现了“克拉”和“开”的分化。保持音译词的单义性、避免歧义的产生是多义源词产生音译分化最主要的动因。

（四）多义音译词的语义关联

音译外来词以单义词居多，但并不意味着汉语中的音译外来词全都是单义词。有些源词的义项之间关系非常紧密，例如：

【lemon】

1. an oval acid fruit resembling the orange　（植）柠檬果

2. the tree that produces the lemon　柠檬树；salt of lemons, binoxalate of potash, or potash combined with oxalic acid　柠檬盐；lemon-kali, a drink made from citric and tartaric acid　柠檬水；lemon-peel, the rind of the lemon, usually preserved and candied　柠檬皮

从释义可看出，lemon 义项有二，分别指植物和植物的果实。在《英华大辞典》中，“柠檬”仅起到了记音的功能，语义通过复合语素“果”或“树”得以实现。在 1908 年以前的民国报刊中，“柠檬”也没有单独出现过，多以“柠檬水”“柠檬汁”等形式出现。柠檬的两个义项之间是整体与部分的关系，柠檬果是柠檬树的果实，二者密不可分。在汉语双音节趋势的驱动下，“柠檬”附加的语素脱落，使得“柠檬”成为与 lemon 在概念意义上几乎对等的多义词。在《汉语大词典》中它的义项就表述为：

【柠檬】

1. 柠檬树。常绿小乔木。叶子长椭圆形，质厚，花单生，外面粉红色，里面白色。生于热带。皮可入药。果实椭圆形，淡黄色，味酸，可作饮料或香料。我国两广和福建盛产。

2. 指柠檬树的果实。

类似的还有 coffee/咖啡一词。《英华大辞典》中的 coffee 有两个义项：

【coffee】

1. a beverage made from the berries after they have been roasted and ground　咖啡茶

2. the berry of a shrub, a native of Arabia, though now raised in other warm climates of Asia and America　（植）咖啡（产于亚刺伯，现时亚美二洲热地亦产之）

表示用咖啡种子制成粉末做成的饮料时，辞典释义通过添加语素“茶”表明其为一种饮料；在表示植物本身时则不添加其他语素，这种译法在罗存德辞典中也有所见。但是在表达短语时“茶”有可能脱落，例如 a cup of coffee 的汉语写为“一杯咖啡”而不是“一杯咖啡茶”(Lobscheid, 1866：418)。咖啡种子的主要作用就是制作咖啡饮料，二者是原料与成品的关系，也非常密切。简省掉表示类属的语素“茶”并不会影响语义理解。久而久之，coffee 的两个义项也都统领到“咖啡”之下，使“咖啡”成为一个多义词。

上述例子说明，汉语音译外来词中确有一些多义词的存在，但是其存在的条件是比较严苛的。这些多义词各义项之间联系必须非常紧密，不会因为语言环境的改变而消解。柠檬果长在柠檬树上，用咖啡种子制作咖啡，无论在哪种文化中都是如此。只有在汉语中才能保留下语义联系，才有可能实现语义的合一。由于这种联系的建立依赖于实物，所以汉语中出现的少量的几个多义词大多也是指称实物的，尤其是与植物有关的。当然，音译词虽然在汉语中解释为多义词，但是在人们的理解中几个义项之间也并不是等重的，那些最常接触的、出现频率最高的义项一般会成为人们脑海中的“默认”义项或“偏好”义项，譬如提到“咖啡”，大多数人想到的是饮品而非植物。这也说明多义的音译词难免还是会受到单义化的一些影响。

虽然大部分音译外来词的语义都有单义性的倾向且具有良好的稳定性，但并不意味着音译外来词的语义一直不会发生改变。随着英语源词语义的泛化，有少量的音译外来词语义也随着泛化产生新义项，例如 Derby 一词，原指英国一地名“德比”。1780 年第十二任德比伯爵首次在这里举行马赛，之后每年举办。德比多以本地盛产的良驹相争，每年的比赛都引起数万人竞相争睹，成为英格兰最重要、最传统的马赛之一。1875年左右，Derby一词已经可以泛指大型马赛，这是《英华大辞典》出版之时Derby所包含的意义。随着英语词义的进一步泛化，derby变成一个普通名词，可以表示来自同一城市或者同一地区队伍的比赛。在汉语中，其音译形式“德比”也出现了泛化的语义。例如：

……中甲联赛晋级之战也扑朔迷离，女足超级联赛也有板有眼。虽然又是德比、又是血战、又是重奖，但从稀稀拉拉的看台上，人们从中看到的新意还是不多，得到的满足还是不够，心怀的希冀还是不明。(《人民日报·海外版》2004年9月15日)

在上例中，“德比”已经无需用引号标记表示其语义内涵另有所指，而是以普通词汇的身份嵌入语句之中。其义项为英语中后起的“同城队伍比赛”之义，甚至在汉语中还隐含“比赛激烈”的特点。所以说，单义化是音译外来词形成初期的一个主要特征，但是音译外来词语义是否一直保持不变则受到源词语义演变以及汉语表达需求的影响。

二、附加意义

在概念意义之外，词汇还有附加意义。附加意义是词所体现的各种联想意义或色彩意味，它主要包括评价意义、形象意义、文化意义以及语体意义。评价意义是词与所反映出来的说话人对指称对象所持的肯定或否定的态度；形象意义是由造词理据反映的人们对事物视觉形象或听觉形象的联想；文化意义是由造词理据反映的人们对相关事物的社会文化背景和意趣情调的联想；语体意义是词与由于常常用于某种特定语体而形成的风格色彩（邢福义、吴振国，2013：97-99）。

从附加意义来看，所有的音译外来词都在源词的基础上附加了文化意义。音译词以声音的摹写为造词理据，本身带有较为强烈的异域文化色彩，让人一眼就能看出这是来自外国社会文化的事物或概念，这是音译外来词整个类别的特点。对于单个的音译外来词而言，有些还存在着评价意义上的区别。

例如Gypsy/吉普赛人。英语源词Gypsy源于欧洲人对罗姆人的误解。中世纪时，欧洲人认为吉普赛人来自“埃及”，于是用Egypt的简化形式称其为Gypsy。吉普赛人在欧洲遭受非常严重的歧视甚至是屠杀。十五世纪匈牙利和罗马尼亚的贵族将其变为奴隶，一些国家还曾要求百姓杀死身边的吉普赛人。东欧国家、西班牙和意大利都曾驱逐过吉普赛人，迫使他们在世界各地流浪。十九世纪中叶，吉普赛人终于在东欧脱离了奴隶制，但是北欧一些国家却又在二十世纪推行了针对他们的绝育计划。在二战期间，有二十二万吉普赛人死于纳粹手中，但是战后德国政府却并未像对待犹太人那样承认他们也是种族迫害的受害者。时至今日，吉普赛人的生活状况也不容乐观。鉴于此，吉普赛人认为“Gypsy”是充满种族偏见的、侮辱性的称呼，并要求改为“Roma”。

Gypsy负面的评价意义从词汇的义项中也能窥见一二。除了表示民族外，《英华大辞典》中显示gypsy还有另外两个评价意义明显的义项：“对黑肤人之羞辱称谓”以及“品格诡诈之少妇”。从“羞辱称谓”和“品格诡诈”就能看出，这两个义项均为贬义，使gypsy整个词充满了强烈的感情色彩。这种感情色彩随着语言以及文化环境的改变而被消解了，汉语中的“吉普赛”并没有将gypsy语义中表民族外的其他内容吸收进来，在评价意义上做了“减法”。

Philistine/非利士人也有相似的命运。非利士人原本是指约公元前十二世纪居住在非利士古城的爱琴海民族的一支，在圣经中他们是以色列人的敌人。英语中Philistine从来就不是一个好词。十七世纪开始，philistine变成了普通名词且常以复数形式出现，意指敌对的团体。后来，这个词又出现了新用法。在十七世纪，德国耶拿举行了一场纪念在市民和大学生争执中被杀的学生的纪念会。会上牧师从“非利士人比你强，参孙！”中选取了一段做布道。这段话中德国学生开始使用philister作为philistine的德语替代语，意指不是学生的人，也就是没文化、没教养的人。后面的这两种用法在十九世纪的英语中并不少见。从这一点上说，Philistine是一个带有负面评价意义的词汇。但是经过汉语系统的过滤之后，其评价意义消失，成为一个中性词。

音译外来词评价意义的消减与音译词的单义化有一定的联系。由于音译外来词中大部分是使用范围比较封闭的专有名词，其评价意义产生的背后通常有着自己的故事，与源语的社会文化密不可分。正如概念意义的单义化一样，社会语言环境的改变会割裂源词原有的语义联系，瓦解评价意义产生的基础。因此，汉语音译外来词一般不会引发同源词一般的评价联想，这是音译词对源词评价意义做的“减法”。

除了消解源词的评价意义外，音译外来词在评价意义上有时也做

“加法”，产生语义溢出的现象。语义溢出现象的根本原因是汉字表意性引发音节实义化。西方语言的音译在书面上表现为字母规律性的替换，而汉语对西方语言的音译却需要通过汉字来表达语音。由于汉字是音形义的统一体，使用汉字的同时很难避开汉字本身承载的意义（潘文国，2000：24）。汉字顽强的表意性使得语义溢出难以避免。汉字语义产生的褒贬联想是音译外来词在汉语语境中重新获得的评价意义。譬如英语中 dahlia 是一种原产于墨西哥以及中美洲的多年生草本观赏性花卉。1788 年，瑞典著名植物学家林奈的学生 Anders Dahl 在墨西哥的山上发现了这种花，1791 年西班牙马德里植物园园长 Antonio José Cavanilles 为纪念 Anders Dahl，以其姓氏 Dahl 加上拉丁语植物名词后缀-ia 命名此花。dahlia 在英语中是不带有任何评价意义的词汇，但是汉语里其音译名变为“大丽花”后，虽然以译音为主，但是“大”和“丽”会让人产生新的联想，认为这可能是一种“又大又美丽”的花，从而凭空增添了积极的评价意义。再如 cyclamen 作为植物名，其拉丁词根 kyklos 意为“圆圈”，但汉语音译词“仙客来”则会让人联想到迎接客人到来的美丽花朵。当然，上述两例体现的均是现代汉语音译外来词中溢出的正面语义。晚清的音译外来词中还有许多负面的语义溢出，尤以国名、地名居多。语义溢出是单字语义重新组合、分析带来的副产品，而所用汉字则是经过使用者在同音字中挑选的结果，因此从某种程度上来说所溢出的评价意义是人们态度和观点的反映。正如在上一章所举国名的例子，“哀”“危”“刺”“非”“奴”“苟”“怕”“蛮”等字虽最初仅是起到记音的作用，但是它们所包含的负面、贬低的语义无疑也从侧面反映出了当时社会对于异域文化轻视和排斥的心态。

除评价意义的增减外，音译外来词在文化意义上也有不同的表现。其共同点在于所有的音译外来词都附有较为明显的异域文化色彩，在文化意义上都有增加；不同的是，某些音译外来词同时还附有方言文化特点。在前文语音一章曾提到，晚清音译外来词的输入渠道多样，有方音也有官音渠道，有以“雪茄”为代表的吴语也有以“初高辣”为代表的粤语。在用字上以“口”字旁为标志的音译外来词以书面形体的形式彰显自己的方言和外来身份。人们在使用这些音译外来词时，除了能够联想起英语原义，还能感受到汉语方言的色彩，从而在文化意义上形成双重叠加。这是音译外来词在文化意义这一附加语义上的体现。

第三节　晚清英源音译外来词的语法意义

一、结构意义

词的结构意义反映的是词语内部的语法结构关系。词的结构主要有单纯词与合成词两大类。单纯词是由一个语素构成的词，例如“大”“小”“花”“人”“葡萄”等。合成词则是由多个语素构成的词，又可再进一步化分为词根复合而成的复合词以及词根加词缀派生出来的派生词。音译外来词是对英语单个词汇的语音摹写。它虽由多个汉字组成，但是词汇的语义是由这些汉字整体表达，单个汉字拆开使用时不保持原义，因此音译词理应属单纯词。在 390 个不含人名的英源音译外来词中，有 273 个属于单纯词。但是，这些单纯词对应的英语源词却并不一定是单纯词，例如英语中的许多化学名词都是由词根与词缀派生而成：acetylene（阿西台利尼/乙炔[①]）由词根 acetic（乙酸）、表示化学“基”的后缀-yl 以及表示不饱和有机化合物的后缀-ene 共同构成；yttrium（铯、钛/钇）由瑞典地名 Ytterby 与表示金属元素的后缀-ium 构成；cocaine（高告精/咖啡因）由词根 coca（植物古柯）和表示构成衍生物名称的后缀-ine 构成。矿物类的名称也大多由词根与表示岩石矿产的后缀-ite 派生而成，例如 hyalite（海亦耳爱脱/玻璃蛋白石）由希腊语词根 hualos（玻璃）和后缀-ite 构成；phosphorite（发斯福而爱脱/磷灰岩）由 phosphor（磷）和后缀-ite 构成；dolerite（度里来脱/辉绿岩）由希腊词根 doleros（欺骗性的[②]）和后缀-ite 构成。除却这些专有名词外，普通名词中也有相当多的是合成词，如 telephone（德律风/电话）由表示“远距离”的前缀 tele-和词根 phone（声音）构成，dozen（打/打）由拉丁词根 duo（二）和 decem（十）复合而成。总体上来看，英语源词中单纯词的数量要远少于汉语对应音译词中单纯词的数量，英语单词构词的结构意义在语言转换的过程中被消解。

纯音译外来词都属于单纯词，但是英语词汇在进入汉语系统时除了

---

① “/”前为晚清的名称，“/”后为今译名。

② 辉绿岩易与闪长岩混淆，故有此名。

采用纯音译的方法，还可能采取音译加标、谐音音译、半音半译等其他的音译方式。因此，在词库的统计中，除了273个单纯词外，还出现了117个合成词。这些合成词通常采用“音译加标”的方式。在地名类音译词中，添加的“标”主要是“国”“岛”“城”“山”等，例如Peru/秘鲁国、Malta/玛拉太岛、Boston/包司敦城等。植物类中主要添加“花”“草”“木”“果”等，如dahlia/吋哩亚花、Guaiacum/古阿古木、Lavender/啦芬特香草等。食品类的则以“酒”“茶”等居多，如beer/啤酒、coffee/咖啡茶等。矿物类的一般添加“石”，如schorl/舍耳勒石、syenite/雪奈忒石等。在这些音译词中，摹音的语素构成词汇的“区别性特征”，而添加的“标”则指示词汇的“类属”，形成“种差＋属”的命名特征。从词汇内部的构词结构来看，它们都属于偏正结构。但是从语义上看，摹音的语素本就是整个英语源词的映射，代表源词完整的语义，所添加的“标”不增添新的信息，只是对原有信息的重复，这是一种语义的羡余现象。换言之，词汇中的两个词根义位相同或相近，其中一个词根可以代表整个词语或者有一个词根无意义，其本质是“语形相较于语义有所剩余”(杨明义，1999)。

在源词并不存在羡余成分时，增加羡余语义标是音译外来词中一个有意思的现象。音译是汉语引入外来事物概念的一个重要手段，源词语音是其产生的基础，但汉语又表现出较强的自主性。在外来词汇早期进入汉语系统时，都曾采用过音译的方式，但是最终结果却大不相同。有的音译词很快就被意译词取代，有的则在汉语中站稳脚跟。添加羡余的语义标是外来词在汉语词汇系统中取得合法地位的一种重要手段，也是音译外来词汉化的结果（潘先军，2007：37-41)。添加羡余语义标的原因也是多样的，从语言的表层原因来看，主要是汉语复音化推动的结果。汉语构词对词的韵律有一定要求，随着复音化趋势的加强，单音节的英语单词在引入汉语时需要通过添加无实际意义或意义重复的语义标形成更加对称和谐、朗朗上口的双音节词，譬如beer/啤酒、Man/满岛就比单纯地使用“啤”和“满”更符合汉语表达的方式。从语言内部来看，羡余现象的产生源于汉语表意性和理据性的要求。外来词音译入汉语系统时，源词内部的结构意义在汉语中消失，音译词内部各成分之间没有语义链的维系，再加上纯音译外来词在音节数量上与占主导地位的双音节模式冲突，这种没有内部结构形式的语音线性序列容易受到抵抗和破坏（张美景，2004：120-127）。添加羡余的语义标使音译外来词重新获得了内部结构形式，提高了音译外来词的竞争力，为音译词的保留提供了可能。从词汇的语用价值来看，添加语义标能够促进语言交流与理解。人们在书面阅读和口语交流中都要经过编码、输出、传递、接收、解码、反馈等几个环节，音译词由于其异质特点明显，不便于人们认知理解，特别是在语言接触早期，了解双语的人较少，这一点更为突出。在语义不外显的情况下，添加羡余的语义标以可以缩小语义范畴、提供理解音译外来词的切入点，促进人们在书面和口头交流中更好地解码和反馈，从而最终推动语言交流的顺利进行。

当然，这种新增的内部形式也会随着语言的发展而有不同的变化。由于新增的语义标①是一种羡余信息，因此具有可脱落性。从语言的经济性来看，只要不影响语义表达且符合汉语语法规则和语用原则，羡余的语义标都可以省略。但实际情况是，这些偏正结构中的语义类标有些不能省略，有的却已然脱落。针对这种情况，本书对《英华大辞典》中的音译加标词的历史嬗变进行了进一步的观察，并总结出以下特点：

首先，单音节音译词添加的羡余语义标粘着性最强，一般不会省略或脱落。正如上文所说，单音节词添加语义标的动因除了增强表意性外，还有满足汉语词汇音节与韵律的需求。双重因素的推动使得单音节音译词的类标能够保留下来。但这类音译外来词，尤其是普通名词，词形一旦稳定，也可能出现语义标脱落而音译词实义化、语素化的现象，比如“啤酒”是一个典型的音译加标词，“啤”为 beer 的对音成分，但是随着“啤酒”一词的广泛使用，“啤”开始成为“啤酒”的缩写形式，逐渐具备了实义。这一过程可能需要相当长的时间。在民国和新中国成立初期的报刊中只有“黑啤酒”的全称形式，而到了改革开放以后“啤”才逐渐语素化出现了“黑啤”。语义标的脱离与啤酒产业的发展以及人们对于啤酒认识的提高有着密切的关系。此外，语义标的脱离也仅限于特定语言环境或是为了满足特定语言需求，在单独指称原本概念时语义标一般不会脱落，比如“这是一瓶啤酒”不会被说成“这是一瓶啤”。

其次，多音节音译词语义标的省略和脱落与人们对事物概念的熟悉

① 《英华大辞典》音译词出现的羡余语义标均为类标，未出现缀标或饰标。

程度有密切关系。生僻事物的语义标一般不会随意省略，因为语义标对于词汇理解有重要的提示作用。因此，晚清的许多表实际事物的音译词都带有语义标，例如 cigar/雪茄烟、coffee/咖啡茶等等。但是一旦这些词汇通过添加内部形式意义的方式进入汉语词汇系统且逐渐稳定后，在语言经济性和汉语双音化的共同推动下，语义标会逐渐脱落。brandy 是一种以水果为原料制成的、酒精含量较高的蒸馏酒，晚清词典中所记载的 brandy 出现过“罢巕地酒”“啤兰地酒”“罢烂酒”“布烂地酒”“伯兰地酒”和“白兰地酒”等多种音译形式，添加表示类别的语义标是因为对于当时的人们而言这是一种新鲜事物。经过一百多年的发展，brandy 逐渐被中国人熟悉、接受，其语义标“酒”开始脱落，现代汉语中，它以“白兰地”的形式进入词汇系统。再如 cigar，最初也是以音译加标的“雪茄烟”进入汉语，而在今天，它的语义标脱落，以“雪茄”的形式存在于汉语词汇中。

再次，语义标脱落与否还与人们对不同类型事物的命名习惯有关。譬如在鱼类命名上，一般以“特征＋鱼”的方式构成的词，譬如青鱼、草鱼、黄骨鱼，表示“特征”的语素和表示类属的“鱼”之间的关系比较紧密，通常不能省略“鱼”。如果将“黄骨鱼”简称为“黄骨”或是将“比目鱼”称为“比目”都会导致歧义或语义不明。音译外来词以类似的方法构词，也会使语义标黏着性更强，故而 sardine/沙丁鱼、salmon/三文鱼等词的音译成分发生了许多变化但语义标一直未曾脱落。在地理名称上，“山”“河”“湖”“海”等表示地理地貌特点的语义标黏着性也非常强，一般不会脱落。故而像 Euphrates/幼发拉的河、Pyrenees/皮勒尼山等名词在使用中不会出现语义标简省的现象。在服装衣物类中，表示成分的“绒”“呢”“革”等语义标黏着性也较好，通常也不会脱落。不过对于其他某些类型事物命名而言，语义标脱落才是常态。在花卉命名上，汉语一般不使用表示类属的语义标。中国传统的花卉名称如牡丹、芙蓉、杜鹃、海棠、芍药等均不带有“花”字。外来花名在最初会添加“花”字表类属，但随着人们对花卉接触增多，在不引起歧义的情况下多余的“花”字脱落。酒类名称也如出一辙，花雕、茅台、白干等传统酒类在称说时无需出现“酒”字。此外，汉语中的国家与城市名称也以不带“国”与“城”等语义标为主，如大秦、安息、高丽等。晚清时期许多外国国名、地名也遵循这一规律，语义标逐渐脱落，由 Brazil/巴西国、

Norway/挪威国、Boston/包司敦城变为巴西、挪威与波士顿。语义标虽然是羡余成分，但其使用还是要遵循该品类整体的命名特点与规律。

综上所述，从词汇的结构意义来看，晚清英源英译外来词以单纯词居多，但也有数量不少的合成词；合成词中几乎全部是通过添加语义标形成的偏正结构复合词。羡余语义标的产生是语言内外因素共同作用的结果，而语义标脱落与否则与词汇音节数量、熟悉程度及指称习惯密切相关。

二、功能意义

词类是反应词的语法功能的类（朱德熙，1998：38），它是对词汇概念意义中的共同属性进行归纳、总结、抽象、概括之后的意义。从大的方面来看，词汇可以分为实词和虚词两类。实词是含有实际意义、能够充当句子成分的词；虚词则是没有完整的词汇意义但具有语法意义或功能的词。从这个角度来看，晚清所有的英源音译外来词都是实词。即便是在现代汉语中，也没有发现音译虚词的出现。这主要是因为虚词本身缺少词汇意义，需要附着于实词或是通过语句来体现语法意义，因此它与语法之间的关系更为密切。它代表的往往是一类使用规则，若使用音译方式容易形成更大的理解障碍，所以在面对陌生的英语虚词时汉语常会通过意译词汇或者句式结构调整来实现。

实词在汉语中又可以再具体细分为名词、动词、形容词、副词、数词、量词、代词等。意大利学者马西尼在《现代汉语词汇的形成》一书中就曾指出汉语音译词"几乎都是名词，没有可以执行谓语功能的词(即动词或形容词)。虽然有几个形容词，但是若没有系词连接就起不了谓语作用"（马西尼，1997：62)。他的这一说法也适用于晚清英源英译外来词。事实上，晚清音译词的功能意义更狭窄，从词库统计来看，所有英源音译外来词的源词均为名词，或者说至少具有名词词性，汉语音译词也相应地成了名词。有一些英语词汇兼具名词和形容词两种词性，譬如 chocolate/巧克力、lemon/柠檬等词在英语中作名词时表示事物，而作形容词时则表示与巧克力或柠檬类似的颜色。但是在汉语里，它们均需要通过添加类标变为"巧克力色""柠檬色""柠檬黄"才能够成为表示颜色的形容词短语。再如英语中 cement 一词既可以做名词也可以做动词，但是在汉语中变为"塞门德坭"后，只保留了名词义。这或多或少地可以说明汉语在过滤英语单词的词汇意义时，对其功能意义也进行了筛选，使得汉语中音译词成为语义更加单一、边界更加狭窄的词，最大限度地减少了在使用中可能出现的问题。

当然，并不是所有名词性的英语词汇在汉语中都表现为名词。例如英语中的 dozen/打在英语词典中标注为名词，实际使用时常采用“数词＋dozen＋名词”结构，这与汉语的数量名结构非常相似。数量词是汉语中相当定型的一种结构，数规定量、量也规定数（邢福义，2000：198）。当人们看到“数 X｜名”或“X 量｜名”结构框架时，能够推出 X 分别为量词和数词。将这一特征移植到“数词＋dozen/打＋名词”的结构中来，很容易将 dozen/打的词性判定为量词。而事实也正是如此，在《汉语大词典》《现代汉语词典》等语文辞书中都明确标注 dozen 对应的“打”为量词。以此类推，英源音译的度量衡名词，如 gallon/咖�、ohm/殴穆、ton/吨、link/林克、watt/瓦德等，词性都由原本英语中的名词变为了汉语中的量词。词性的变化意味着词汇语法功能的变化。成为量词后的这些度量衡单位，除了与英语源词一样充当定语外，还可以充当其他句子成分，比如在“用水量三吨”中“三吨”共同起到描写性谓语的作用，在“纸一打一打地买”中通过数量重叠式又充当了状语的功能，而这些是在英语中难以实现的。

在晚清英源音译外来词中，词性转换总体并不突出。一方面，音译词是基于源词而生的词汇，在词性上总是与源词保持一致或向它靠拢。即便是英语度量衡名词在词性转换时，也是变为了与名词功能意义有一些相似性的量词而不是动词。另一方面，不同词性之间的转换需要动因。名词到量词的转换是基于汉语“数量名”结构的稳固性，而名词到动词的转换则需要依靠音译词中表活动义语素的实义化（李海燕，2018：169）。词库中的音译词较少含有这类语素，并没有出现现代汉语中如 bungee/蹦极、home party/轰趴这样演化出动词义的音译词。

三、范畴意义

范畴是起源于哲学的一个概念，是对事物进行归类所依据的共同性质。它是对客观事物现象基本性质以及规律的认识，是一种高度抽象性的概念。亚里士多德在《范畴篇》中提出了十个基本的哲学范畴：实体、性质、地点、时间、数量、关系、姿态、状况、主动、被动。语言学中的范畴一般指语法范畴，它是对各种语法形式的语法意义的抽象和概括。狭义的语法范畴是通过词的形态变化所表达的语法意义的概括，而广义的语法范畴则比语法的概念还要广泛。常见的语法范畴有性、数、格、时、体、态、人称、级、式等。各种语言都有自己的语法范畴，但是其具体内容可能有较大差异。在英源英译词中也能看到一定范畴意义上的区别与汉化。

由于晚清的英源音译外来词的源词主要是名词，这里着重考察一下与名词有关的范畴。性范畴是主要与名词有关的语法范畴，一般可以分为阴性、阳性两种或阴性、阳性、中性三种，并通过不同的形式表示。英语名词的性范畴缺乏普遍性，除了 actor/actress、host/hostess、steward/stewardess 等少量有阴阳对立的名词外，绝大多数英语名词没有性的区分，因此一般认为英语是没有性范畴的语言。汉语名词同样也是没有阴阳性区分的，因此在英源词的音译过程中并未涉及名词性范畴的处理。

名词中另外一个比较重要的范畴意义是数范畴。它一般通过名词或代词的词形变化来区分单复数或者单数、双数和复数。英语是有数范畴的语言，且二分为单数与复数。大部分的英语单词通过在单数名词词尾添加 s 或 es 可以完成单数向复数的转化，少量名词的数变化是通过不规则的词形变化来完成。汉语则是没有严格意义数范畴的语言，添加在名词后面的"们"只是一个表示数量的助词，其用法也比较受限。英语词典中记载的名词一般以单数形式存在，所以并不能看出在数范畴意义上的变化。但是也有比较特殊的情况：penny 和 pence。

penny 是英国的一种黄铜货币，1971 年以前的币值为十二分之一的先令；pence 则是 penny 的复数形式。在晚清，这两个词均出现了音译形式。《英华大辞典》中二者的汉语形式为：penny/边尼，pence/辨士/边士，同期还存在其他音译词形。在晚清书刊报纸等文献中，可以看到早期 penny 和 pence 的音译形式是共存的。比如 1908 年《北洋官报》1862 期的新闻中写道："英美实行边尼邮政，纽约人民有多处聚会称贺并有多人在邮局门外等候。俟夜钟鸣时寄信。"1897《泰西各国采风记》中有"年两本士购票一签"。可见单复数并不同形。"边尼邮政"是英语 penny post 的音译，最初由伦敦商人 William Dockwra 于 1680 年创立。他在伦敦市内七个区设有四五百个邮政箱，负责收寄伦敦市内信件以及一磅以内的包裹，收费为一便士。因为数词是一，所以英语中用单数形式 penny，音译词也是“边尼邮政”。从语音上来说，“边尼”“辨尼”等只对应单数形式的 penny，但实际情况是最初这些音译词的使用超越了英语单复数的限制：

> 英之邮政局。向归官办取价甚昂。约华程一百五十余里。已需英金八辨尼。于是俭约之家。不能常通书札。其贸易中通信者。亦简而又简。或私相探受。或以函札杂入官文书中。故邮政局虽占利薮之名。而所入终寥寥无几。一千八百三十七年。有罗兰希利者出一法。谓公家先制小票。售诸民间。每票取英金一辨尼。每信一封。约计路之远近。酌定一极廉之价。（于宝轩，1902）

上文中的“八辨尼”英语应为 8 pence 而不是 8 penny。用单数的音译形式来指称复数是可以理解的。类比其他英语音译名词，汉语通常只吸收单数形式，因为汉语自身表达多个物品时就是单复数同形。一个 lemon 是柠檬，两个 lemons 还是柠檬，而不会因为英语是 lemons 就变为“柠檬丝”。以此类推，penny 和 pence 应该以单数的形式音译进入汉语词汇。从上下文的语义连贯来看，前后文是对英国邮政制度历史的回顾，提到“边尼邮政”产生前后邮寄价格的差别。此时，若前文译为八便士后文译为一辨尼，对于不熟悉英语的读者来说会感到一头雾水。前后金钱单位统一采用“辨尼”是出于读者理解的需要做出的调整，这也使得音译词“辨尼”超出了源词的数范畴。

penny 有这样的变化，pence 也是如此。1903 年《大陆报》第 10 期：“英古时银币最小者为便士。上镂一极凹之十字形，渐经摩鍗裂二为二，遂当作半便士钱。半便士钱币之名实始于此。”英国最小的钱币是一个 penny。“半便士”中数量是“半”，英语中叫 half a penny，便士对应的是 penny 而不是 pence。也就是说，虽然 pence 在英语中是一个表示复数范畴的词汇，但是在汉语里它却囊括了英语单复数两种用法。从上述两个例子可以看出，在英语名词单复数不同形时，汉语需要以单复数统一的词形将其引入，因为这样更符合汉语习惯且更利于理解。在 penny 和 pence 音译词的竞争中，最终 pence/便士取胜，其原因在于货币使用时还是以复数计算更为常见。pence 的使用更为频繁，间接导致音译词“便士”比“边尼”的频率高，并逐渐取代了“边尼”。

总的来说，由于汉外语言系统的差异，名词音译时它的性范畴与数范畴等语法意义一般很难随源词一起进入汉语语言系统中来。在词汇的语法功能上，更多体现的是汉语的同化作用。在现代汉语中即便出现少数例外，也需要接受汉语词汇系统的调节与规约，在使用上与源词也存在差异。

第六章　晚清英源音译词与意译词的互动

第一节　音译、意译与文化

一、翻译中的音译与意译

翻译学中一直存在着术语混用的现象，即翻译策略、翻译方法和翻译技巧三者存在着重叠和互换的情况。实际上，这三个术语是分别从宏观、中观和微观这三个不同的角度讨论所采用的翻译方式。“策略”是从宏观的、全局的角度对要采取的行为进行的一系列行动、思考或选择，是方案的“集合体”（熊兵，2014：82-88）。相应地，翻译策略就是在翻译活动中为实现一定的翻译目的所遵行的原则和规划的方案。因此，翻译策略大体可分为归化与异化两种，前者“把原作者带向读者”，而后者“把读者带向原作者”（Schleiermacher，2006：299）。

相较于“战略”，“方法”更加具体一些。在翻译领域，它便是在翻译时采取的特定的步骤与手段，是在一定原则或方案的基础之上所确定的手段（Zabalbeascoa，2000：119）。音译和意译都是翻译的方法，折射出不同的翻译策略和指导原则。前者以源语为导向，是异化策略下的方法；后者以目的语为导向，是归化策略下的方法。音译、意译的对立代表的是不同翻译策略背后所隐藏着的文化权力关系。

二、翻译与文化

语言是一种制度文化。不同语言之间的差异绝不仅仅是读音或文字符号间的差异，而是“世界观本身的差异”（洪堡特，2011：32）。任何一种语言都是在漫长的历史中逐渐发展起来的，民族性是语言的内在特性。当语言及其代表的文化进入另一种语言文化时，必须要经过翻译这个“角力场”。就像 Alvarez 和 Vidal（2007：4）所言，翻译总是意味着文化之间不平等或不平衡的权力关系。要么牺牲源语靠近目的语，要么牺牲目的语靠近源语，两者兼得的平衡状态很难达成。

在后殖民视域下这种文化之间的角力引起了人们的关注。韦努蒂在《译者的隐身》和《翻译之耻：走向差异伦理》中通过对英美文化中外国小说等文学作品翻译的研究指出，翻译能够影响文化身份的塑造。归化掩盖了不同文化之间的差异以及原作的历史感，是强势文化进行文化殖民的一种手段（葛校琴，2002：34-37）。他认为翻译中的差异伦理能够将异质性引入，以异化翻译策略的“反常式忠实”和“对抗式翻译”抵抗英美等强势文化对弱势文化的篡改（徐世昌、孙旭辉，2018：142-149）。

韦努蒂的理论是从文化霸权主义的角度对当今各国文化英译的思考，是以弱势文化进入强势文化为预设的路径。他所提出的看法虽有不足之处，却为翻译中不同文化的关系打开了新思路。在中外语言接触中，这种文化博弈并不鲜见。明朝年间，以利玛窦为代表的西方传教士东来，正是凭借着“入乡随俗”的“中国文化适应政策”，使传教工作能够顺利开展。利玛窦善于利用汉语的构词方式仿制偏正词组，还擅长利用中国古代经典中的词语，将旧词赋予新义，(如“上帝”“天主”)。这正是因为当时中国传统文化位于强势地位，西方外来文化在进入时遭受到了抵抗，必须通过归化的方式获得准入途径。而在晚清民初，音译词的大量出现又与当时人们对传统文化的抵触有密切关系。异化特征明显的音译词是一种“稀奇古怪、诘屈聱牙的汉字组合”（申连云，2009：100-103）。它们以一种明显的异质性抵抗着传统的表意方式，破坏着文本与意义的整体性和连贯性，对抗着传统的意识形态。正如鲁迅先生所言，他要用“硬译”这种方式，用“从别国盗的火”来“煮自己的肉”（鲁迅，1981：213）。翻译理论和实践都说明，译介方式的选择并不是简单的个人选择，而是社会文化权力和心态的反映。

第二节　晚清英源音译词与意译词的竞争与双向演变

一、音译词与意译词的竞争

（一）总体情况

在本书建立的词库中，共有 390 个英源词（不含人名），英语源词及其汉语各译词共同形成一个集合。在这 390 个集合中，只有音译词没有意译词的共 289 个，既有音译词又有意译词的共 101 个。具体分布如下（见表 6-1）：

表 6-1　《英华大辞典》音译与音译意译词分布

	仅音译	音译意译共存
地名	123	2
地质矿产	2	12
动植物名	15	17
度量衡	12	2
工业产品	4	4
化学医药	55	37
经济生活	6	4
军事政治	3	3
民族种族	18	0
食品饮品	8	10
文化艺术	7	1
宗教神话	36	9
总计	289	101

从语义类型上来看，音译词在地理名称、度量衡、化学词汇、宗教神话、民族种族类词汇中占有绝对优势，而且很少有意译词形的参与。其中，度量衡与化学词汇是在特定学科领域用来表示概念的名词，是术

语；地理名称、宗教神话以及种族民族类词汇大多是标示特定的人或物，属于专有名词。这也符合音译对象主要是“人名、地名和新产生的术语”（方梦之，2004：96）的特点。不过，需要指出的是，在几乎所有类型中也都存在音译意译共存的集合。这也就意味着，尽管音译在专名和术语领域有较强的优势，但是在语言接触的初期，单凭音译词还不足以支撑起外来语义的全部内容，其意义理解需要意译词的辅助。

（二）竞争结果

在上述的101个音译意译共存集合中，有43个集合音译形式保留，意译形式被淘汰；有58个意译形式胜出，音译形式被淘汰。从总量上来说，音译与意译之间并没有哪一种方法存在压倒性胜利。但从语义类型来看，某些类别词汇存在译介方式的偏好（见表6-2）：

表6-2　《英华大辞典》音译意译词的竞争选择

	音译词胜出	意译词胜出
地名	2	0
地质矿产	1	11
动植物名	6	11
度量衡	2	0
工业产品	1	3
化学医药	11	26
经济生活	3	1
军事政治	2	1
食品饮品	8	2
文化艺术	0	1
宗教神话	7	2
总数	43	58

上表中表现出明显倾向性的是动植物、化学、矿物、食品、宗教以及地名等类型。其中，地名、宗教类和食品类名词倾向于选择音译的方式，但是三者背后的理由并不完全相同。地名采用音译主要是出于地名

国际标准化的考虑，随着全球化的发展，各国地名也需要标准化。地名国际标准化规定各国地名在国内实现标准化后，统一采用“罗马字母拼写形式”（敖见，2008：5-6），最终实现国际书写标准的统一。为了更好地与国际接轨，汉语中的外国地名（除部分约定俗成外）也统一采用了音译形式。宗教类词汇采用音译固然有专有名词音译的考虑，但是有相当一部分也是因为意译词没有办法表达源词的多重含义，影响源词语义的完整性且削弱宗教的神秘感。食品饮品类词汇的音译选择与人们对外来事物的熟悉程度以及事物的发展程度有一定关系，以 cigar 为例，在晚清时主要有“雪茄”“吕宋烟”“烟卷”等词形，三者均产生于十九世纪末。在晚清民国期刊数据库中它们的表现如下（见图 6-1）：

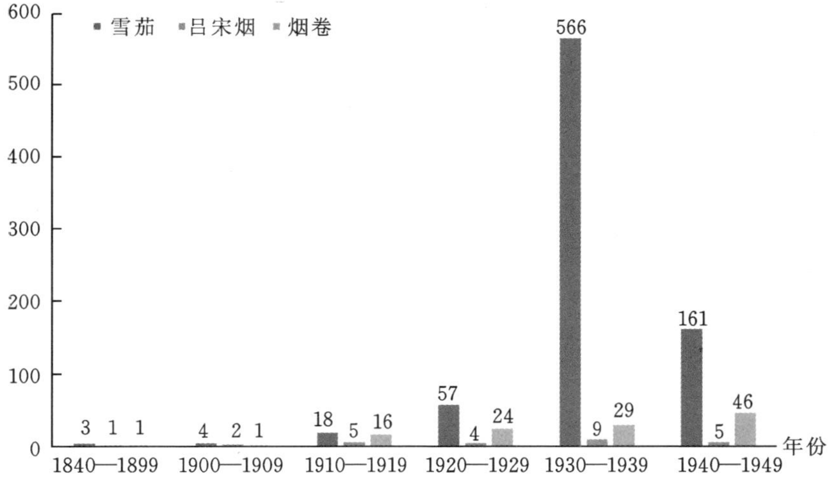

图 6-1　cigar 各词形在晚清民初期刊数据库中的表现

cigar 从明朝就传入中国，但是直至晚清都是以进口为主，因此普通百姓很少能真正接触到，其汉语词形并不活跃。二十世纪初，它的三个汉语词形使用频率基本持平。民国初期，随着广东、上海等通商港口的开放，国内雪茄市场开始快速发展。一战期间，由于战争耗费了西方国家的主要精力，中国雪茄的进口量锐减，国内雪茄厂纷纷设立。这些烟厂的产品包装上，常使用多种汉语名称，甚至在有一些并非雪茄而只是香烟的产品包装上，也使用“雪茄”二字。例如图 6-2 中，商品包装上的“淡芭菰”实际上是 tobacco（烟草）的音译，而左右两侧的“超出国产一切卷烟”和“胜过外来雪茄香味”则是把 tobacco/淡芭菰、cigarette/卷烟和 cigar/雪茄放在同义词的位置上，这样的做法也间接促进了“雪茄”一词在社会中的接受度。到二十世纪三十年代，中国雪茄业呈蓬勃发展之势，“雪茄”一词在报刊杂志上的使用频率与“吕宋烟”和“烟卷”拉开了距离，将其远远抛在身后。汉语词汇系统对于“雪茄”的吸收和产业发展的推动密不可分。

图 6-2　民国时期香烟包装上的“雪茄”

在动植物、化学以及矿物类名称中，意译词成为主要的吸收对象。动植物名之所以意译，主要是因为汉语中早有一套命名规则和方法。动植物名称总是从某个侧面反映出事物的特征，而音译词无法从字面上提供这些信息，因此，意译名在动植物名上有较强的优势。在化学类名词中，主要是化合物的名称采用了意译，而化学单质还是以音译为主。化合物采用意译的理由在于音译名称一般较长，且用音译名无法体现与化学元素之间的关系，例如 iodoform 是一种化合物，由表示“碘”元素的前缀 iodo-和表示甲酸基的词根 formyl 组成，晚清时的音译形式“埃沃多仿”不能显示该化合物与碘元素之间的联系，因此纯音译词形最终被意译的“三碘甲烷”和半音半意式的“碘仿”所取代。矿物类名词的意译取向包含了上述两种考虑：一方面，它与化学元素中的化合物一样，音译形式过于冗长且不易理解；另一方面，汉语中对于矿石也有以颜色、纹理等特征命名的传统。在两个因素的共同作用下，矿物类名词也显示出了较强的意译倾向。

词长也是影响译介方式的一个因素。从平均词长来看，在意译词胜出的组别，音译词形的平均词长为 3.53，而意译词形的平均词长为 2.90，词长较短的意译词占优势。而在音译词胜出的组别，音译词平均词长为 2.73，意译词平均词长为 2.744，二者相差并不大。这也说明，每个词形集合中的竞争与选择的情况有不同的特点。词长可能是影响因素之一，但并不是唯一或决定性因素。

二、音译词向意译词的演变

（一）总体情况

如上文所说，词库中只有音译词没有意译词的共 289 个。此处讨论的是这 289 个集合整体译介方式在历时发展中的取向变化，其中有 253 个集合沿用了音译方法，占总数的 87.54%；有 36 个集合由音译词变为意译词，占 12.46%（见表 6-3)：

表 6-3　晚清英源音译词译介方式的历时转变

	沿用音译	转向意译
地名	120	3
地质矿产	2	0
动植物名	7	8
度量衡	11	1
工业产品	2	2
化学医药	38	17
经济生活	5	1
军事政治	2	1
民族种族	18	0
食品饮品	6	2
文化艺术	7	0
宗教神话	35	1
总数	253	36

（二）音译词向意译词转变的影响因素

1. 语言因素

（1）汉语的同化机制

外来词由音译形式向意译形式转变，本质上看是汉语按照自身语言的核心机制和规则对异质成分进行筛选和改造的过程（赵宏，2009：21-26，76）。对汉语而言，其核心机制是形义关系的构建。汉字是一种自源性文字，具有较强的理据性。因此在汉语同化机制的驱动下，外来词的词形总是向更为表意的方向倾斜。经过同化之后的外来词，形式更符合汉语构词习惯，其身份由词汇系统的边缘成员向典型成员靠拢。这也是音译词向意译词转化的最根本原因。

在同化的过程中，音译词主要通过两条路径完成向意译词的转化。其一是以英语为起点的同化，英语源词提供意译的基础。这一点在仿译词上体现得最为明显，仿译词是用汉语的构词材料和构词规则与源词一一对应产生的外来词，它借用了英语源词的内部形式，是一种比较特殊的意译词。较之于音译词，仿译词汉化程度更高；较之于意译词，仿译词与源词的联系更紧。因此，仿译词能够在忠实和通顺二者间达到一种微妙的平衡。在音译词的转变中，有部分词借助英语源词的构词形式变成了仿译词，如 Cambridge 由“堪卑（立）支”变为“剑桥”，Iceland 由“哀司兰”变为“冰岛”。从某种程度上说，仿译是将英语的构词理据呈现在汉语中，但是这种仿构也只是近似，不是完全忠实，例如 Cambridge 中的 Cam 原是指凯尔特语中一条河流 Granta，受日耳曼语影响的结果变为 Cam，意为“弯曲”，与“剑”的语义没有联系；而 Iceland 中的 land 意为“土地”也不是“岛”。不过，即便如此也不能否认仿译词更符合汉语的表意特征，与纯音译词或意译词相比，它实现了源词和译词的相对平衡。

其二是以汉语为起点的同化。这主要表现在各语义的类型外来词都需要遵循汉语在各领域内的命名规则。正如前文所提到的，地名、化学元素名一般用音译，动植物名、化合物名一般用意译，这已经成为命名的总体规则。这种向汉语靠拢的方法很大程度上需要对事物的重新观察，动植物类词汇上这一点最为明显，例如 colocynth 从语源上看是“圆葫芦”的意思，但是在中国人眼中这种植物与西瓜的外观更为相似，因此将其重新命名为“药西瓜”。译介方式的改变能够适应领域内的命名规则，更好地体现该领域词汇的系统性。需要指出的是，虽然有的类别中译介方式的选择似乎有别于总体的命名方式，但仔细观察会发现也并非完全背离，譬如动植物类名称需要体现语义。从理论上说，这十五个仅有音译词集合都应该是向意译词演变，但实际上音译与意译的数量不相上下，这主要是因为本书对于音译采用的是宽式定义，它包括谐音音译词、音译加标词等体现语义的类型，例如 mango/芒果、sardine/沙丁鱼等虽然也是音译词，但是它们以音译加标的方式迎合汉语的命名方式。另外，有些音译词中的用字如“古柯”“柠檬”等以偏旁部首的方式彰显语义，因此，虽然从词的划分上将其归为音译词，但是它们又或多或少地有表意功能，并没有完全违反动植物命名表意的规则。

（2）语言的经济性原则

所谓经济，就是指耗费少而收益多。语言学中的经济性原则就是用最少的语言来表达最多的信息。在词汇层面，词长缩短是经济性原则的主要体现。通过统计，这些发生译介方式变化的词在晚清平均词长为3.80，而意译形式词长为3.01，二者差距比较明显。这说明，语言经济性是音译词向意译词转换的重要影响因素。

有时语言的表意性与经济性会发生冲突，在鱼和熊掌不可兼得的情况下，表意性占据上风。在表6-3中，绝大多数是语言表意性和经济性共赢的局面，但也有4个由较短的词形变为较长的词形，例如 elemi 由“厄利米”变为“橄香树脂”，词长虽有增加，但表意更加清晰。这也从侧面证明，汉语形义关系的构建是最为核心的规则也是音译向意译转变的原动力。

2. 非语言因素

音译词变为意译词本质上是由异化向归化的妥协，反映的是文化对于文化他者和差异性的态度。一直以来，无论中外，都存在着我族中心主义的思想。从中国的历史文化语境来看，中国文化一直处于较强势的地位，中国文化对异域文化的影响远超异域文化对中国文化的影响。勒弗维尔对中国翻译史上的三次翻译高潮进行考察后指出，中国大多数翻译家，从支谦到严复、林纾等人，一直都倾向归化法，试图改造异域文化的“他者”（Lefevere，2006：16），华夏民族中心主义的思想数千年来根深蒂固。在与异域文化接触时，中国以“天朝大国”自居，很少谈论文化中的“他者”（Ibid.：13-24）。佛经翻译的传统将异域文本的翻译变为了“汉化”的过程，流畅的译文用强势文化的普遍性掩盖了异域文本的差异性。即便是到了近代，在“中学为体，西学为用”的主流意识形态影响下，翻译也只不过是将西学学以致用的工具。在民国以前的中西文化角力中，中国文化一直占据着优势地位。晚清时期，这种地位开始受到冲击，有所松动，在外来词上表现为音译词数量的增加。但是从总体上而言，我族中心主义的思想仍然较为坚挺，意译词总量远超音译词。

归化的盛行并不是中国特有的问题，这只是译者与作者、自者与他者问题的一种表现。在西方翻译史上，译者在很长一段时间都处于“仆人”的身份，社会上的主流话语要求译文通顺流畅，要求译者在翻译中“隐身”。钱锺书所说的“不因语言语文习惯的差异而露出生硬牵强痕迹”(钱钟书，1985) 与之有着类似的观点。在很长一段时间内，归化的译文更受市场欢迎。译者的隐身促进了外来文本异质特征的归化和消融。作为文本的构建材料，外来词汇的引入也迎合了这一特点。这也是意译词在外来词中具有活力的原因，是音译词向意译词转变的推力。

三、意译词向音译词的演变

(一) 总体情况

诚然，在上文许多集合中都能看到音译词和意译词的竞争以意译词取胜，但这并不意味着只有音译词向意译词的单向转变。为了更好地了解意译向音译的“反向”转换，笔者借助《现代汉语词典》和《牛津高阶双解词典》，回溯了现代汉语中音译词在晚清时的表现形式，发现了69个由晚清意译词变为现代音译词的集合（见表6-4)：

表6-4 晚清英源意译词向音译词的转变

	音译、意译并存	转向意译
地名	1	0
动植物名	1	2
度量衡	0	6
工业产品	9	1
化学医药	4	2
军事政治	2	1

续表

	音译、意译并存	转向意译
食品饮品	12	4
文化娱乐	9	9
宗教神话	1	1
其他①	4	0
总数	43	26

从上表可以看出，与人们生活相关的物品是最易产生音译转向的。其中，又以食品类居多（如 puff/泡芙），共 12 个；其次是文化娱乐类（如 golf/高尔夫），共计 9 个。

与音译向意译转换不同的是，意译向音译的转换有不同程度的区分。在发生转化的意译词中，62.32%保留意译词形，音译、意译并存；完全摈弃意译而采用音译的只占 37.68%。相比之下，音译向意译的转换更加干脆，音译词形大多直接被淘汰出局。这也说明汉语表意性是汉语的内生特征和核心机制，并不太容易妥协或“牺牲”。

（二）影响意译词向音译词转变的因素

上文讨论音译词向意译词转化的影响因素时，从语言和非语言类因素进行了分析。在意译词的转变问题上，语言类因素并不是其动因。从汉语的同化机制上来说，音译词是对形义关系的背离，它使得原本靠近汉语典型词汇的意译词离心走向边缘类型词汇，将异质成分凸显出来。虽然有少数的意译词在变为音译词时注意到表意成分的保留，如 copy/拷贝、emu/鸸鹋、salmon/三文鱼等通过表意偏旁、汉字或者添加表意语义标的方式实现表意功能，但是仍然有很多词并不能见形知义，如 toast/吐司、cartoon/卡通等。从语言经济性上看，这些词转化前平均词长为 2.95，转为音译词后平均词长 2.46，相差不大。可以说，意译向音译的转变中，语言本身的特点并不是促成转变的主要因素，非语言因素扮演更重要的角色。

① “其他”类为非名词外来词，如 cool/酷、copy/拷贝等。

为更好地研究意译词向音译词转变的过程，笔者在 69 个集合中随机抽取了 10 个，观察其在全国报刊索引近、现代报刊数据库中的使用频率(见图 6-3)：

年份 / 译词	1870—1879	1880—1889	1890—1899	1900—1909	1910—1919	1920—1929	1930—1939	1940—1949	1950—1959	1960—1969	1970—1979	1980—1989	1990—1999	2000—2009	2010—2019
安琪尔							8	4				5	4	13	15
保龄球												5	47	77	92
杯葛					2	16	31	6	0	0	0	0	0	25	24
嘉年华					41	47	77	12	0	0	0	1	2	705	1639
马赛克						1	1	0	0	0	0	0	10	307	532
派对				4	4	17	25	74	0	0	0	64	101	1671	1991
扑克					11	30	78	81	0	0	0	10	15	334	541
泡芙														14	51
沙发					1	53	115	101	0	0	0	10	23	582	1021
吐司	1	1	1	7	10	18	44	45	0	0	0	2	2	61	165

图 6-3　10 个“意译转音译”词使用频率的历时变化

从上图可直观看到，这 10 个词的出现有两次高潮。一次是二十世纪二十年代至四十年代的小高潮，另一次是改革开放后尤其是九十年代以后井喷式的增长。在数据库中，这些词在五十年代至七十年代都没有出现。为了保障数据的准确性，笔者在北京语言大学 BCC 现代汉语语料库的历时检索中加以验证，发现除“扑克”“沙发”外，大部分词与全国报刊索引数据库中的情况基本一致。总的说来，上述两个高潮可以看作是大部分意译词转音译词的形成时期。研究当时的文化和思想动态，或能为音译词使用的增加提供依据。

第一次高潮是在二十世纪二十年代至四十年代。这一时期是中国文化思想史上的变革期，新文化运动在文学上促进了中国白话诗和白话小说的发展，也促进了翻译的发展。在新文化运动的代表人物中，鲁迅对翻译思想的发展有很大影响。他认为，翻译是实现“启蒙”和“为人生”的一种手段（胡莉莉，2012：10-15）。他有意识地采取了“硬译”的做法，使读者走向原文，使译文对译文文化产生冲击。这种翻译主张不仅是对翻译方法的一种倡导，也是对异域文化的肯定与认可，是打破僵化传统避免我族中心主义的方法（张景华，2009：80）。以“硬译”为代表的异化思想是当时社会改革、新文化构建在翻译上的具体体现，是中国文化从异质文化中吸收现代性的一种方法（杨春时，1994：251）。这种翻译思想在语言上的反映就是欧化语法的产生和音译外来词的增加。译者通过“陌生化”的方式让读者不断地对表层文字进行痛苦的解读、推敲和重组，每一次都是对传统定势思维的解构，也是对主流意识形态的对抗。这样的做法具有“革命性”（申连云，2009：100-103）。在这样一种氛围之下，意译词出现音译形态也就十分自然了。

四十年代后期，受冷战意识形态的影响，中国与苏联的接触成为文化交流中最主要的形式，而与西方的接触则更多的是抵抗和对立的形式。相应地，英源外来词的数量增加缓慢，意译外来词向音译词变化的脚步也随之停滞。七十年代末，随着改革开放政策的实施，人们对异域文化的心态也发生改变。在西方的资本和技术涌入中国的同时，西方的语言和文化席卷重来，在这一时期，引入中国的西方的新奇事物以及西学书籍都出现了大幅增长。另一方面，二战后随着全球化的发展，英语已经超越了地理界限，成为世界上使用和学习范围最广的全球性语言。中国也和许多发展中国家一样调整了自己的外语政策，强化英语教育。英语全球化在一定程度上推动了语言帝国主义的形成。在非英语国家有许多人对西方事物和文化“全盘接受”，对其“顶礼膜拜”或盲目追崇的人也不在少数（刘君栓，2014：171-173）。这时，音译词的使用更能满足人们追求“新潮”和“洋味儿”的心态，尤其是沿海发达地区频繁使用这类词，使得音译词在人们生活中显得更加“高级”，像“华夫饼”“沙司”就比“方格饼”“酱”更吸引人的眼球。进入信息时代后，传统的地域概念进一步模糊，新时代网民对于“个性化”语言的追求，使得异质特征明显的音译词更加受到青睐。英源音译词以更快的速度传播，形成井喷式发展，甚至还出现了更为异质化的“字母词”。这种词汇的变化是人们思想观念变化的外在体现，也是不同文化之间博弈的结果。

第七章　结　　语

第一节　研究内容回顾

晚清是外来词发展的一个高潮。中外交往的密切以及翻译思想的迸发催生了大量的音译词。本书以 1908 年颜惠庆《英华大辞典》为封闭语料库，对其中出现的英源音译外来词进行了系统性的统计与描写，并总结特点。在语音借入上，晚清时主要的借音趋势已经萌芽。在借音方式的选择上，以语音置换为首，其次为增音，最后为删音，其忠实度和完整性逐次递减。语音置换又以语音和听觉感知相似性为主要原则。英汉中语音相似度较高的音位在这一时期已经建立起相对稳定的对音趋势。此外，借音还遵循了比较朴素的音系规则。但同时，粤语、吴语等方言音译词的引入，统一的语音标注形式的欠缺也导致许多不规律现象的产生。

用字方面，音译词出现了不同的历时演化路径。在晚清仅有单一音译形式的外来词汇，大部分用字和词形得以保留，部分词的用字出现改动；小部分用字与词形虽仍保留在汉语词汇系统中，但其所指出现转移。晚清同源异形词情况更为复杂：有以其中一个词形原形占位的情况，也有以单个词形为基础的调整占位，还有两个词形同时占位的情况。音译用字的改变是语音、文字以及语义三因素共同作用的结果。源词语音的改变、对方言语音的抛弃、对英汉语音与音系认识的提高以及为区别意义而进行的人为调整，都导致了音译用字的改变。文字形体对于词形和用字同样有着影响。文字的简便性使得字形简单的单义汉字成为音译用字的主要方向。同时，汉字字义与源词语义的一致性、忠实性及其所引发的语义联想色彩也成为晚清英源音译外来词词形与用字规范的依据。

在语义方面，晚清的英源音译外来词中有少量直接利用了古汉语中存在的词汇来承载新的语义内容，除此之外，大部分音译外来词都是新创词汇，其词汇的概念意义有单义化的倾向，褒贬等联想意义也会在一定程度上有所瓦解。在结构层面，英语源词中大量的派生词和合成词在汉译后变为单纯词。一部分音译外来词以音译加标的方式进入汉语词汇系统，构成合成词。羡余语义标的添加是晚清音译词比较常见的现象，其粘着性有不同程度的表现。在词汇的功能意义上，英源源词以名词或名词性短语为主，其汉语译词大多也是名词，但有少量名词变为汉语量词。在范畴意义上，英语源词的数范畴在汉语中没有反映。英语中单复数不规则变化的名词最初在汉语中可能分化为不同的词形，但是经过时间的淘洗后单复数词形最终会归一。

晚清英源音译词与意译词之间也有较强的互动。在音译与意译形式并存的英源外来词中，最终以音译和意译形式存在于现代汉语中的各占一半，并没有明显的区别，但是不同领域的词汇可能各有偏好。以单一音译词形存在于晚清词库中的词汇，有部分转变为了意译词。音译向意译的转化是汉语内在的同化机制、语言经济性原则以及我族中心主义翻译观共同作用的结果。同时，晚清也有部分意译词在历时发展中变为音译词。意译向音译的转变集中在二十世纪二十年代至四十年代以及改革开放后这两个时期，其动因与文化思想的转变有着密切关系。

第二节　研究创新之处

本研究在前人研究的基础上，对晚清英源音译外来词进行了观察和分析。主要的创新之处有：

第一，本研究首次对 1908 年颜惠庆《英华大辞典》中的英源音译外来词进行了大规模、穷尽性的收集、整理和观察，充分挖掘了词典这一权威性文本的价值，并建立了小型的英源音译外来词词库。在研究过程中，充分结合了现有的、最新的外来词研究成果以及晚清时的文献资料和词典资源，对晚清英源音译外来词的观察更加细致。

第二，本研究利用借词音系学的思想对晚清时期借音的系统性规律进行了总结。置于历史背景下的借音考察，深化了对英汉语音借入的认识。现代英汉对音中出现的一些不规律性现象，通过对晚清语音借入渠道以及汉语官话语音变化的观察和思考，可以得到解释和说明。这对现代借词语音的规律总结也有所裨益。

第三，本研究不仅从语言学角度考察晚清英源音译外来词，还结合了翻译视角对音译所带来的文化关系与文化心态进行了思考；不仅讨论了音译词向意译词的转化及其背后的文化动因，更注意到了晚清部分意译词向音译词的反向变化。

第三节　研究不足与展望

晚清音译词为语言学、词汇学、翻译学研究提供了丰富的材料，具有重要意义。本书聚焦于此，对其进行了全方位的考察，但仍有一些不足之处。

在语料方面，晚清音译词极其丰富，更新程度也较快。本书仅以《英华大辞典》为研究范围，对其中出现的英源音译外来词进行了分析研究，没有包括同时期其他域内域外文献中出现的音译外来词，语料具有一定代表性，但仍不全面。今后可以结合域内外文献和词典资源，建立一个规模更大的词库，进一步完善音译词研究的对象。

在语音方面，本研究仅对各音位的对音情况进行了讨论。超音段成分如重音、音节、韵律在汉语中的表现有待在今后的研究中进一步讨论。除语音外，晚清音译外来词的社会语用功能以及晚清至现代音译外来词的分期特点等，都是值得进一步深入思考的问题。

参考文献

[1] 敖见. 浅谈音译与专有名词的翻译 [C]. 第18届世界翻译大会论文集，2008：5-6.

[2] 鲍文. 外来词音译增值现象研究 [J]. 外语与外语教学，2007 (4)：54-56.

[3] 岑麒祥. 汉语外来语词典 [M]. 北京：商务印书馆，1990.

[4] 陈福康. 中国译学理论史稿（修订本）[M]. 上海：上海外语教育出版社，2000.

[5] 陈榴 汉语外来语与汉民族文化心理 [J]. 辽宁师范大学学报，1990 (5)：44-48.

[6] 陈乾峰. 汉语借词音译的优选论分析：以增音为例 [J]. 北京理工大学学报（社会科学版），2008，10 (6)：113-117.

[7] 陈伟. 翻译与词典间性研究 [M]. 上海：上海译文出版社，2007.

[8] 陈伟，张柏然. 教学功能突显与词典范式演变 [J]. 外语界，2007 (6)：35-44.

[9] 陈雁. 北洋外交领军者颜惠庆 [M]. 福建：福建教育出版社，2015.

[10] 陈永培. A. C. Gimson 论英语词典的注音 [J]. 现代外语，1983 (3)：30-35.

[11] 陈泽平. 试论琉球官话课本的音系特点 [J]. 方言，2004 (1)：47-53.

[12] 程美宝. 粤词官音：卫三畏《英华韵府历阶》的过渡性质 [J]. 史林，2010 (6)：90-98，189.

[13] 戴黎刚．晚清的官话音系及其性质［J］．古汉语研究，2017（4）：28-41，103.

[14] 窦文宇，窦勇．汉字字源［M］．吉林：吉林文史出版社，2005.

[15] 方梦之．译学词典［M］．上海：上海外语教育出版社，2004.

[16] 冯春波．中国英汉、汉英词典插图简况//中国辞书学会双语词典专业委员会第七届年会［C］．2007：380-385.

[17] 冯天瑜、刘建辉、聂长顺．语义的文化变迁［M］．武汉：武汉大学出版社，2007.

[18] 符准青．现代汉语词汇［M］．北京：北京大学出版社，1985.

[19] 高名凯，刘正埮．现代汉语外来词研究［M］．北京：文字改革出版社，1958.

[20] 高圣兵．中国思想现代转型期对外来词的接受［J］．江海学刊，2008（4）：230-233，239.

[21] 高永伟．晚清期间英汉词典中的音译词［J］．复旦外国语言文学论丛，2018（2）：131-135.

[22] 葛校琴．当前归化/异化策略讨论的后殖民视阈：对国内归化/异化论者的一个提醒［J］．中国翻译，2002（5）：34-37.

[23] 龚雪梅．音译用字的文字学考察［J］．福建师范大学学报（哲学社会科学版），2006（4）：108-112.

[24] 贡贵训．近现代汉语英源词的汉译特征：以《近现代汉语新词词源词典》为中心［J］．外国语文研究，2018，4（2）：66-73.

[25] 韩淑红．基于《现代汉语词典》的英源外来词语音汉化研究［J］．鲁东大学学报（哲学社会科学版），2012，29（1）：69-73.

[26] 何干俊．汉语音译词的多维考察［J］．江西社会科学，2012，32（4）：194-197.

[27] 洪堡特．论与语言发展的不同时期有关的比较语言研究//洪堡特语言哲学文集［C］．姚小平，译．北京：商务印书馆，2011：32.

[28] 胡开宝．英汉词典历史文本与汉语现代化进程［M］．上海：上海译文出版社，2005.

[29] 胡莉莉．重释鲁迅翻译之“硬译”：以翻译伦理为视角［J］．北京科技大学学报（社会科学版），2012，28（3）：10-15.

［30］胡以鲁．论译名［J］．庸报，1914，第二十六、二十七期合刊．

［31］黄河清．汉语外来影响词［J］．词库建设通讯，1995（8）．

［32］贾敏，敬栋．双语词典的插图［J］．辞书研究，1983（4）：19-25．

［33］李炳海．音译与意译的叠加重合：汉代文史典籍对相关语种所涉名物的处理［J］．文学遗产，2015（3）：49-57．

［34］李丹丹．"官话"的性质［J］．新疆社会科学，2011（5）：105-111．

［35］李海燕．英源外来词的引进与演变研究［M］．北京：中国社会科学出版社，2018．

［36］李家驹．商务印书馆与近代知识文化的传播［M］．北京：商务印书馆，2005．

［37］刘丹青，石汝杰．专名翻译规范化的两大课题：统一与保真度［J］．语言文字应用，1993（4）：9-17．

［38］刘虹，马镛，金林祥．中国教育通史·清代卷（下）［M］．北京：北京师范大学出版社，2013．

［39］刘君栓．语言帝国主义：对英语全球化的再审视［J］．黑龙江高教研究，2014（5）：171-173．

［40］刘丽华，刘祥清．论音译汉字的选择及其修辞功能［J］．湖南科技大学学报（社会科学版），2015，18（5）：140-144．

［41］刘叔新．汉语描写词汇学［M］．北京：商务印书馆，1990．

［42］刘祥清．论音译字的选择［J］．中国科技翻译，2014，27（1）：35-38．

［43］刘祥清．论外汉音译的意义关联［J］．安徽理工大学学报（社会科学版），2016，18（6）：87-89．

［44］刘祥清．外来词音译汉化研究［J］．外国语文，2019，35（2）：112-117．

［45］刘晓梅．当代新词语对汉语语素系统的影响［J］．暨南学报（人文科学与社会科学版），2005（1）：84-89，139-140．

［46］刘正埮，高名凯，麦永乾，等．汉语外来词词典［M］．上海：上海辞书出版社，1984．

［47］卢卓群．当今音译外来词的词义蜕变［J］．语文建设，1998

(5)：11-12.

[48] 吕叔湘. 中国文法要略 [M]. 北京：商务印书馆，1942.

[49] 马西尼. 现代汉语词汇的形成：十九世纪汉语外来词研究 [M]. 上海：汉语大词典出版社，1997.

[50] 孟华. 译名和译名方式的文化透视 [J]. 语文建设，1992 (1)：19-22.

[51] 潘炳信. 从音位学角度看音译 [J]. 外语与外语教学，2000 (3)：42-45.

[52] 潘文国. 汉字的音译义//第五届国际汉语教学讨论会 [C]. 1996：4.

[53] 潘文国. 汉语音译词中的“义溢出”现象//中国英汉语比较研究会第四次全国学术研讨会 [C]. 2000：24.

[54] 潘先军. 汉语外来词构成羡余现象说略 [J]. 汉字文化，2007 (3)：37-41.

[55] 钱锺书. 林纾的翻译//七缀集 [C]. 上海：上海古籍出版社，1985.

[56] 邵靖宇. 硅字的来历和变迁 [J]. 中国科技术语，2008 (1)：46-48.

[57] 申连云. 音译与权力：对我国现阶段音译现象的审视 [J]. 外语教学，2009，30 (5)：100-103.

[58] 沈国威. 西方新概念的容受与造新字为译词：以日本兰学家与来华传教士为例 [J]. 浙江大学学报 (人文社会科学版)，2010，40 (1)：121-134.

[59] 沈国威. 近代英华华英辞典解题 [M]. 关西：关西大学出版部，2011.

[60] 史有为. 外来词：异文化的使者 [M]. 上海：上海辞书出版社，2004.

[61] 史有为. 汉语外来词 (增订本) [M]. 北京：商务印书馆，2016.

[62] 史有为. 新华外来词词典 [M]. 北京：商务印书馆，2019.

[63] 宋学东，韩力. 英汉音译的借用模式及语音相似原则的违反 [J]. 鲁东大学学报 (哲学社会科学版)，2013，30 (6)：48-52.

[64] 孙强. 晚明汉语韵尾的特点 [J]. 求索, 2007 (2): 197-198, 41.

[65] 王铁昆. 汉语新外来语的文化心理透视 [J]. 汉语学习, 1993 (1): 35-40.

[66] 王晓培. 英语中汉语外来词辅音音系调整的优选论分析 [J]. 河南理工大学学报 (社会科学版), 2010, 11 (3): 350-355.

[67] 王晓燕, 刘曦. 外来词的“意化”原则与词义演变规律 [J]. 长春大学学报, 2019, 29 (3): 32-35.

[68] 王英姿. 汉语外来语的反汉化表现//中国英汉语比较研究会第七次全国学术研讨会 [C]. 2006, 4.

[69] 吴礼权. 汉语外来词音译艺术初探 [J]. 当代修辞学, 1993 (5): 13-15.

[70] 香港中国语文学会. 近现代汉语新词词源词典 [M]. 北京: 汉语大词典出版社, 2001.

[71] 熊兵. 翻译研究中的概念混淆: 以“翻译策略”、“翻译方法”和“翻译技巧”为例 [J]. 中国翻译, 2014, 35 (3): 82-88.

[72] 徐世昌, 孙旭辉. 归化异化翻译中的张力作用 [J]. 新疆大学学报 (哲学·人文社会科学版), 2017, 45 (5): 142-149.

[73] 颜惠庆. 英华大辞典 [M]. 上海: 商务印书馆, 1908.

[74] 颜惠庆. 颜惠庆自传: 一位民国元老的历史记忆 [M]. 吴建雍、李宝臣、叶凤美, 译. 北京: 商务印书馆, 2005.

[75] 阳琼. 科技术语音译汉字选择 [J]. 中国科技翻译, 2017, 30 (2): 4-6.

[76] 杨明义. 现代汉语状之于动的羡余现象探略 [J]. 南开大学学报 (哲学社会科学版), 1999 (4).

[77] 杨锡彭. 汉语外来词研究 [M]. 上海: 上海人民出版社, 2007.

[78] 叶宝奎. 明清官话音系 [M]. 厦门: 厦门大学出版社, 2001.

[79] 伊斯特林. 文字的产生和发展 [M]. 左少兴, 译. 北京: 北京大学出版社, 1987.

[80] 于辉. 汉语借词音系学: 英源借词的语音和音系分析 [M]. 天津: 南开大学出版社, 2014.

[81] 俞理明. 汉语缩略研究——缩略：语言符号的再符号化 [M]. 成都：巴蜀书社，2005.

[82] 张博. 汉语外来词的界定原则与判定方法 [J]. 汉语学报，2019 (3)：67-77，96.

[83] 张鸿魁. 语音规范话的历史经验和“官话音”研究//近代官话语音研究 [C]. 北京：北京语文出版社，2007.

[84] 张吉生. 优选论与汉语外来语的音节可接受性 [J]. 解放军外国语学院学报，2003 (4)：7-12.

[85] 张吉生. 再论汉语外来语音节可接受性的优选分析 [J]. 外国语 (上海外国语大学学报)，2006 (2)：25-32.

[86] 张景华. 翻译伦理：韦努蒂翻译思想研究 [M]. 上海：上海交通大学出版社，2009.

[87] 张培华. 关于外来词音译准确性的几个问题 [J]. 上海科技翻译，1998 (1)：18-21.

[88] 张荣荣. 19 世纪传教士编粤语文献音译词用字探析 [J]. 重庆理工大学学报 (社会科学)，2015，29 (12)：127-132.

[89] 张生祥. 美国新教传教士在近代中国的翻译出版活动 [J]. 兰州大学学报 (社会科学版)，2011，39 (5)：20-24.

[90] 张卫东. 从《语言自迩集·异读字音表》看百年来北京音的演变 [J]. 广东外语外贸大学学报，2002 (4)：15-23.

[91] 张烨. 清末民初外来词造字音译初探 [J]. 语文学刊，2019，39 (2)：44-49.

[92] 章开沅，罗福惠. 比较中的审视：中国早期现代化研究 [M]. 杭州：浙江人民出版社，1993.

[93] 章士钊. 论翻译名义//1910. 中国译学理论史稿 [C]. 上海：上海外语教育出版社，2000.

[94] 章士钊. 译名 (1914) //章士钊全集 [C]. 章含之，白吉庵，主编. 上海：文汇出版社，2000.

[95] 赵宏. 英汉外来语吸收机制和动因对比研究 [J]. 解放军外国语学院学报，2009，32 (3)：21-26，76.

[96] 赵杰. 英语外来词借入现代汉语的“语音换算”之解析 [J]. 北方民族大学学报 (哲学社会科学版)，2013 (4)：118-125.

[97] 赵巍，马艳姿. 传统译论中的翻译策略术语研究——重九译、重译、九译、直译和音译 [J]. 西安外国语大学学报，2010，18 (3)：93-95.

[98] 赵元任. 借语举例 (1970) //中国现代语言学的开拓与发展——赵元任语言学论文选 [C]. 北京：清华大学出版社，1992.

[99] 赵忠德. 音系学 [M]. 上海：上海外语教育出版社，2006.

[100] 周洪波. 外来词译音成分的语素化 [J]. 语言文字应用，1995 (4)：63-65.

[101] 周有斌. 制约音译外来词形式选择的原则 [J]. 语言研究，2009，29 (3)：103-105.

[102] 周有光. 比较文字学初探 [M]. 北京：语文出版社，1998.

[103] 周有光. 规范音译用字刍议//中国语文现代化学会 2003 年年度会议 [C]. 3.

[104] 朱桂花，刘祥清. 论英汉音译之用字原则 [J]. 湖南人文科技学院学报，2016，33 (1)：96-99.

[105] 朱一凡. 汉语对外来借词同化的机制和动因 [J]. 西安外国语大学学报，2011，19 (1)：1-4.

[106] 朱自清. 译名 (1919) [M]. 北京：外语教学与研究出版社，1984.

[107] 邹振环.《华英初阶》和晚清国人自编近代英语教科书的发轫//近代中国 (第十五辑) [C]. 上海：上海社会科学院，2005.

[108] 邹振环. 音译与意译的竞逐："麒麟"、"恶那西约"与"长颈鹿"译名本土化历程 [J]. 华中师范大学学报 (人文社会科学版)，2016，55 (2)：119-128.

[109] ÁLVAREZ R，VIDAL M. Translation，Power，Subversion [M]. Beijing：Foreign Language Teachign and Research Press，2007.

[110] Educational Association of China. Records of the Second Triennial Meeting of the Educational Association of China held at Shanghai，May 6～9 [M]. Shanghai：American Presbyterian Mission，1896.

[111] FOWLER H. The Dictionary of Modern English Usage [M]. The Clarendon Press：Oxford，1926.

[112] GARNER B. Garner's Modern English Usage [M]. Oxford：

Oxford University Press, 1998.

[113] KANE D. The Chinese Language: Its History and Current Usage [M]. North Clamedon, VT: Tuttle, 2006.

[114] LEFEVERE A. Chinese and Western Thinking on Translation [C] //Constructing Cultures: Essays on Translation. Bassnett S, Lefevere A ed. Clevedon: Multilingual Matters Ltd. , 2000.

[115] MORRISON R A Dictionary of the Chinese Language, in Three Parts: English and Chinese [M]. Macao: East India Company's Press, 1815-1823: 1.

[116] REETZ H, JONGMAN A. Phonetics: Transcription, Production, Acoustics, and Perception [M]. Malden, MA: Blackwell, 2009.

[117] SCHLEIERMACHER F. On the Different Methods of Translation [C] //Western Translation Theory: From Herodotus to Nietzsche. ROBISON, D, ed. Beijing: Foreign Language Teaching and Research Press, 2006.

[118] WHITNEY W D. Century Dictionary and Cyclopedia [M]. VIII. New York: The Century Company, 1894.

[119] ZABALBEASCOA P. From Techniques to Types of Solutions [C] //Investigating Translation. BEEBYM A, ENSINGER D, PRESAS M, ed. Amsterdam/Philadelphia: Benjamins, 2000.

[120] ZGUSTA L. Manual of Lexicography [M]. The Hague: Mouton, 1971.